中宣部教育部共青团中央向青少年推荐百种优秀图书
入选国家新闻出版广电总局"全国农家书屋重点出版物推荐目录"
国家新闻出版广电总局"东风工程"出版项目
入选全国少工委办公室"中华传统文化新书单"
被科技部评为"全国优秀科普作品"

中国民间文化与物理趣味

李湘黔 ◆ 编著

西南交通大学出版社
·成都·

图书在版编目（CIP）数据

中国民间文化与物理趣味 / 李湘黔编著. —成都：西南交通大学出版社，2013.9（2018.1 重印）
ISBN 978-7-5643-2593-0

Ⅰ. ①中… Ⅱ. ①李… Ⅲ. ①传统文化－中国－通俗读物 Ⅳ. ①K203-49

中国版本图书馆 CIP 数据核字（2013）第 196628 号

中国民间文化与物理趣味
李湘黔　编著

责 任 编 辑	郭发仔
封 面 设 计	墨创文化
出 版 发 行	西南交通大学出版社 （四川省成都市二环路北一段 111 号 西南交通大学创新大厦 21 楼）
发行部电话	028-87600564　028-87600533
邮 政 编 码	610031
网　　　址	http://www.xnjdcbs.com
印　　　刷	四川煤田地质制图印刷厂
成 品 尺 寸	170 mm×240 mm
印　　　张	16.75
字　　　数	259 千字
版　　　次	2013 年 9 月第 1 版
印　　　次	2018 年 1 月第 5 次
书　　　号	ISBN 978-7-5643-2593-0
定　　　价	39.00 元

图书如有印装质量问题　本社负责退换
版权所有　盗版必究　举报电话：028-87600562

智慧的杠杆

湘黔是一位很有思想的学者，通过数年孜孜不倦的挖掘考证，甘做"孤独的文化行者"，创作了《中国民间文化与物理趣味》这一著作。付梓之时，细细品读，油然起敬。

中华文化积淀深厚，留给我们子孙后代的是骨子里的精神，是文化的记忆。人们常说："民族的才是世界的。"中国民间文化是世界文化之林的一朵奇葩。勤劳而智慧的华夏人民巧妙地将自然物理规律用于日常生产生活实践，创造出了大量传统工艺和民间艺术。物理学与中国民间文化虽看似不相及，但实际上却有千丝万缕的联系。物理学是研究物质运动的一般规律和物质的基本结构的学科，这决定了它在整个自然科学大厦中起着基础性作用，因而也必然与人们的生产生活息息相关。

物理学家李政道曾说过："中华民族是个优秀民族，中国人早在春秋战国时期就使用了筷子。如此简单的两根东西，却巧妙绝伦地运用了物理学上的原理。"中国民间文化中无处不蕴藏着物理学原理。从物理学的角度、以物理学的知识和方法来诠释中国民间文化，既有助于广大读者认识和理解传统文化中的民间智慧，又有利于继承和创新传统文化，使我国的非物质文化遗产得以永续传承。

湘黔作为教育工作者、中国非遗研究者，长期潜心中国民间物理研考，熟谙中国传统民间文化中蕴含的物理学知识。此书结合中国传统民间文化形态与物理学知识，利用物理学方法通俗地分析民间文化中的原理，解读了传统民俗工艺中蕴含的物理学知识，将民间智慧、传统工艺、民俗艺术与现代自然物理学知识和方法有机地联系在一起。一方面，从物理学的角度来审视、剖析传统文化和民间艺术，促使人们更加全面、更加深入地理解传统文化，激发民族自豪感，促进现代与传统的融合、科学与人文的融会贯通。另一方面，将基本的物理学知识，以传统人文的方式和视角呈现出来，从传统文化的维度为物理学注入新的灵魂，以新的思维方式去领悟、理解物理学，使深奥的物理学原理变得通俗易懂，强化了读者对物理学知识和规律的认识和把握，也体现了物理学内涵的丰富性。

此书作为科普读物，融生活味、人文味、人情味、文学味为一体，体现了科学与人文、科学与文学，以及科学与艺术的有机结合；采用"一民俗，一故事，一插图，一原理"的构思，将民间文化、民间工艺以图文并茂的形式呈现给读者，做到了插图形象生动、文字深入浅出、内容通俗易懂；在小故事中彰显民间文化的大智慧，在生产生活现象解读中呈现物理学的基本知识和方法，在传承民间文化艺术的过程中拓展了读者的多维思想空间。

习近平总书记提出的实现中华民族伟大复兴的中国梦，就是要实现国家富强、民族振兴、人民幸福，既深刻体现了今天中国人的理想，也深刻反映了先烈们不懈追求进步的光荣传统。民间文化遗产是我们祖先数千年以来创造的极其丰富和宝贵的文化财富，是我们民族情感、道德传统、个性特征以及凝聚力和亲和力的结晶，也是我们实现中华民族伟大复兴的中国梦不可或缺的精神资源。

《中国民间文化与物理趣味》一书融现代物理科学、艺术和人文为一体，探究了物理学在民间工艺中的广泛应用，普及了民俗艺术中蕴含的物理学知识，值得一读。该书适合广大群众阅读，尤其对开启广大青少年读者的物理学智慧，更具有"钥匙"之功效、"杠杆"之裨益。

诚愿湘黔宛如其名，趁势而上，一路向前！

是为序。

中国空间技术研究院首席科学家
教授、博士生导师　　**谢申猛**

前言

本书作者基于对物理学和中华传统民间文化的热爱，把这二者奇妙地结合起来，形成了我国第一部关于民间文化与物理趣味的综合性著作。本书以生动形象的表现形式展现了中国传统民间文化的魅力，从物理知识的角度对其进行解读，赋予了中国民间文化更多的理性，把博大精深的民间文化、浓浓乡味的艺术创意、通俗易懂的物理知识精妙合成，让读者从中感悟我国劳动人民的聪明才智和精神力量，品味文化中国的无穷魅力。

为了尽可能地搜集更丰富的素材，挖掘中国民间传统的文化元素，使中国博大精深的民间文化大放异彩，作者无数次亲历寻常百姓家访谈，反复在图书馆查阅相关文献资料；为了更好地普及科学知识，传播科学思想，作者以中国民间文化现象为载体，把物理学的基本知识和方法传达出来，并诚恳邀请自己的画家朋友阿满手绘配图，极大地增强了本书的形象性和可读性。本书融知识性、趣味性、形象性、娱乐性为一体，可怡情，可厚学，可教子。

虽然作者竭尽全力挖掘考证，精心打造，但因经历、精力、水平有限，且我国地域广阔、民族众多，各地风俗风情多样，本书肯定存在不足之处，祈请读者批评指正。

李湘黔

2013 年 8 月

第一章　民间生产生活用具

背篓	back-basket / 3
扁担	shoulder pole / 4
簸箕	dustpan / 6
草鞋	straw shoes / 7
锄	hoe / 9
船桨	oar / 10
锤子	hammer / 11
搓衣板	washboard / 13
独轮车	wheel barrow / 14
帆船	sailboat / 15
纺车	spinning wheel / 17
斧头	axe / 19
公道杯	the fair mug / 20
红薯洞	sweet potato cave / 22
呼鞭	whiplash effect / 23
戽斗	bailing bucket / 25
戽桶	threshing bucket / 27
黄鳝竹夹	bamboo clip of catching eel / 29
活塞式木风箱	piston wooden boxes / 30

火药铳	fire blunderbuss / 32
剪刀	scissors / 33
脚碓	pestle / 35
桔槔	shadoof / 36
锯子	saw / 37
筷子	chopsticks / 39
拦河坝	dam / 42
犁	plough / 44
连枷	flail / 46
镰刀	sickle / 47
辘轳	windlass / 48
煤油灯	kerosene lamp / 49
磨刀石	whetstone / 51
木杆秤	wood steelyard / 53
刨子	plane / 55
铅锤	plumb / 56
扇车	winnowing machine / 58
扇子	fan / 60
神奇的铜碗	magical copper bowl / 62
省油灯	oil-saving lamp / 63

石磨　antique millstone / 64
石碾子　stone roller / 66
水转筒车　waterwheel / 67
炭窑　charcoal kiln / 68
梯子　ladder / 70
土炉灶烟囱　stove chimney / 71
土窑洞　traditional cave dwelling / 72
雨伞　umbrella / 73
针　needle / 75
竹席　bamboo mat / 76
钻子　antique drill / 78

第二章　民间玩具

冰透镜　ice lens / 81
拨浪鼓　rattle-drum / 82
不倒翁　tumbler / 83
弹弓　slingshot / 85
叫蝉　the toys like cicada noise / 86
空竹　diabolo / 88
尿尿童子　boy-watering / 90
万花筒　kaleidoscope / 91
饮水鸟　the toys of omcient drinking bird / 92
悠悠球　yo-yo / 94
鱼洗　fish-basin / 96
纸弹竹枪　bamboo pumping paper gun / 97
竹蜻蜓　bamboo-copter / 99
竹水枪　bamboo water gun / 100

第三章　民间乐器

变音钟　tone-changed clock / 103
二胡　erhu / 104
口弦　mouth-strings / 105
芦笙　lusheng / 107
锣　gong / 108
牛角　ox horn / 109
牛腿琴　qin bracket / 110
嘭嘭噔儿　glazed horn / 112
水鸟哨子　bird water whistle / 114
埙　pottery xun / 115

第四章　民间游戏

拔河　tug-of-war / 119
八人秋　eight swing / 121

蹦极　bungee jumping / 123
踩高跷　walking on stilts / 125
吹肥皂泡　blowing bubbles / 127
打水漂　ducks and drakes / 128
打纸板　playing cardboard / 130
弹弹子　playing marbles / 132
荡秋千　swing / 133
钓鱼　going fishing / 135
丢沙包　throwing earthbags / 136
放风筝　flying kites / 138
滚铁圈　rolling a hoop / 140
呼啦圈　hula hoop / 142
捡子　picking up stones / 144
孔明灯　Kongming lanterns / 146
跷跷板　seesaw / 147
手绢降落伞
　　handkerchief parachute / 148
手影　hand shadow play / 149
水火箭　water rocket / 150
踢毽子　shuttlecock kicking / 152
跳绳　skipping / 153
跳水　diving / 155
土电话　original telephone / 156
陀螺　spinning top / 158
摔泥巴　mud sport / 160
纸风车　pinwheel / 161
掷飞镖　flinging darts / 163
走马灯
　　revolving scenic lantern / 165

第五章　民间美食

炒栗子　roasting chestnuts / 169
吹糖　blowing sugar / 170
冻豆腐　frozen bean curd / 172
化冻柿子　frozen persimmon / 174
北京烤鸭　roasting duck / 175
兰州拉面　hand-pulled noodles / 177
棉花糖　cotton candy / 179
泡茶　tea ceremony / 180
土家擂茶　Tujia grinding tea / 182
炸爆米花　fried popcorn / 183
制作馒头
　　making steamed bread / 185

第六章　民间建筑

吊脚楼　house on stilts / 189
红旗渠　the red flag canal / 191
坎儿井　karez / 193
雷火炼殿
　　thundering flames approach the
　　palace / 194

蒙古包　yurt / 196
木拱桥　wooden arch bridge / 197
糯米灰浆
　　　traditional sticky rice mortar / 199
塔　pagoda / 201
天坛三音石
　　　three sound stones in Tiantan / 203
土楼　hakka earthen buildings / 205
赵州桥　the Zhaozhou Bridge / 207

第七章　民间杂艺

拔火罐　fire cupping / 211
补锅　tinker / 212
踩铧口
　　　stepping on the plough / 213
打铁　forging iron / 216
弹棉花　playing cotton / 218
倒啤酒　beer pouring / 220
飞车走壁　stunt-cycling / 222
高竿船　high pole boat / 224
口技　oral stunts / 225
拉纤　towing a boat / 227
捞面条　drawing noodles / 229
烙画　pyrography / 230
龙舟　dragon boat / 231
泡温泉
　　　enjoying natural hot spring / 233
皮影　shadow shows / 235
撒网　casting a net / 237
沙里淘金
　　　sifting gold from sand / 239
上刀山
　　　climbing a mountain of swords / 241
烧制砖瓦
　　　firing brick and tile / 243
水破岩石　water broken rock / 244
水浴　water bath / 246
碎砖　breaking bricks / 247
摊谷　spreading out the grain / 248
烟花　fireworks / 250
扬场　winnowing / 252
椅子顶　chair-stacking / 253
制陶　pottery / 254
中幡　carring streamers / 256
走钢丝　walking wire / 257
钻木取火
　　　drilling wood to make fire / 258

第一章 民间生产生活用具

在我国绵延数千年的农耕社会中，民间生产生活用具在劳动实践中不断发展、演变，薪火传承，不断推进社会发展。中国民间生产生活用具不仅有方便生活、发展生产的物质功能，而且有促进社会文明进步的精神功能。民间生产生活用具在一定程度上诠释了一个民族的精神特质，对民间生产生活用具的研究是我国文化建设的一个重要组成部分。

背篓 back-basket

文化溯源

在我国的边远山区，由于道路崎岖，人们挑担不方便，背篓便成了人们生产生活中的必备用具。背篓的用途很广，除了用于生产外，在一些地方，姑娘出嫁时要用"洗衣背篓"来陪嫁；土家族媳妇生孩子，娘家要送一个"儿背篓"，作为办"祝米酒"时的礼品；砍柴、扯猪草用"柴背篓"，摘苞谷、小谷则用"扎背篓"。在山区，背篓是人们日常生活用品之一，由欧阳常林作词、白诚仁作曲、宋祖英演唱的歌曲《小背篓》，也以优美的旋律、极具生活意味的歌词红遍大江南北。

物理趣味

背篓运用了压强、杠杆原理、平衡原理等物理知识。背带做成宽长条是为了增大受力面积，减少压强；竹子材料柔软抗拉，充分和身体接触，也可以减少压强。当背的物体很重时，人会向前倾斜；背篓腰部接触人的身体，同样减少了压强。把背篓作为一个杠杆，身体不同部位对背篓的压力力矩、摩擦力力矩和所背物体的重力力矩平衡。另外，将背篓编成各种花纹能有效地增大摩擦力。

扁担 *shoulder pole*

文化溯源

扁担在我国农村地区很常见，挑水、挑粮等都离不开它。据考证，汤人（商汤的祖先）居天山，取水于天河，汤人旦部为减轻山地负重，发明了"竹扁担"。照此推算，扁担在我国已有数千年的历史了。

关于扁担，还有一个感人的故事呢！1928年，井冈山根据地同国民党统治区几乎断绝了一切贸易往来，根据地军民生活十分困难。为了解决吃饭和粮食储备问题，红四军司令部发起下山挑粮运动。朱德也常随着队伍去挑粮，一天往返50公里。他的两只箩筐装得满满的，走起路来十分稳健利落，年轻的小伙子也常被他甩得老远。战士们从心眼里敬佩朱军长，但又心疼他。四十开外的人了，为革命日理万机，还要翻山越岭去挑粮，累坏了怎么办？大家商量后，就把他的扁担藏了起来。朱德没了扁担，心里很着急。他让警卫员到老乡那儿买了一根碗口粗的毛竹，自己动手，连夜做起了扁担。为防止战士们再藏他

的扁担，他在扁担上面刻了"朱德记"三个大字。第二天，三星未落，挑粮的队伍又出发了，朱德仍然走在战士们中间。大家看见他又有了一根新扁担，崇敬之外更增添了几分干劲。从此，"朱德的扁担"的故事传开了。

物理趣味

  扁担除了运用了杠杆原理外，还蕴含了其他的物理知识。较重的物体一般不用手提而用担挑，这为我们提供了方便。将扁担做成"扁"的和"软"的能达到增大受力面积、减小对人体产生的压强的目的。

  "扁"能减小压强，而"软"也能减小压强。人们用软扁担挑重物时，由于软扁担发生的弹性形变明显大于硬扁担，且发生形变后和肩接触的面积增大，减小了压强。另外，"软"扁担能够上下颤动，这使得人受到交变载荷，会感到非常轻松。而扁担形变所储存的弹性势能又会减少人对重物上升而做的额外功，故人会感到很舒服。

簸箕 dustpan

文化溯源

簸箕是我国广大农村打场与碾磨实践中必备的生产工具,用以揽装或簸拣麦子、谷物或面粉等。使用簸箕是运用间断的人造风对谷物等进行加工的开始。《庄子》一书对此有明确的记载:"箕之簸物,虽去粗留精,然要其终,皆有所除是也。"这表明,最迟在春秋战国时期簸箕已开始应用于农业生产了。簸箕的用途极为广泛,除了用于对谷物进行清选外,还多用于农业选种,以及酿酒、酿醋、榨油等加工作坊中,以簸净粮食,有利于进一步加工。相对于其他谷物清选方式,用簸箕"簸"这种方法较费人力,不适合大规模的清选作业。但其因简单易用,至今仍是农村家庭农业生产和各种手工作坊离不开的清选农具。

质量较小的物体,容易改变其运动状态。用簸箕簸谷物时施行的摇、簸、溜、抖等动作,能使簸箕中的谷粒、秕糠、石块分离,是因为簸起的谷物在下落过程中,谷物与簸箕间的空气受压而产生向外的气流,从而吹走质量轻的谷物外壳等杂物,达到"去粗留精"的目的。

草鞋 straw shoes

文化溯源

草鞋在我国三千多年前的商周时期就出现了。草鞋最早的名字叫"扉",相传为黄帝的一名叫不则的臣子所发明。草鞋在汉代称为"不借"。宋代吴坰所著《五总志》载:"不借,草履也,人人均有,不待假借,故名不借。"

关于草鞋,历史上还有一个传说。刘备入蜀时,蜀民端茶捧果夹道欢迎。刘备看到面黄肌瘦的众百姓全是打着赤脚,心中非常难受,忙问众人为啥不穿鞋。一位老人说:"苛政猛于虎,要粮又要布。无布把鞋做,只好赤脚走。"刘备听后,手向南山一指说:"满山尽是草,何不打些草鞋穿?"众人言说不会。刘备翻身下马说:"我刘备不才,少年家穷,以卖草鞋为生,倒学了一门打织草鞋的手艺,不妨给父老兄妹们打织几双,作为我入蜀来对父老兄妹们的见面礼。"说罢,刘备以剑代镰割了一抱龙须草,坐在山石上织打起来。诸葛亮看到主公给蜀民父老编织草鞋,自

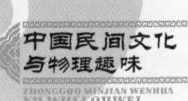

己也忙抓草学织。刘备说:"军师雄才满腹,怎么也学打草鞋的小手艺?"诸葛亮说:"主公惜民,臣等入蜀来不敢给百姓增添负担。今跟主公学打草鞋,再教会众将士,好人人动手,自理军鞋嘛!"自此以后,蜀地的老百姓都学会了打草鞋。

> 草鞋由于是用草做成的,便于气体对流,所以透气性很好。其表面粗糙,可以增大摩擦力。特别是在夏天走长路时,穿上草鞋会感到清爽凉快,走起路来步履敏捷,两脚生风,给人一种惬意感;雨天穿上它,既透水,又防滑;冬天下雪时内穿一双棕袜子,外套"满耳子草鞋",既保暖,又防滑,如遇冰溜子山路,套上铁制的"脚码子",准保平安无事。

锄 hoe

文化溯源

我国农业耕种历史悠久，随着青铜器的出现，在西周时出现了青铜锄，在战国时出现了铁锄。锄是一种用于中耕、培土、松土、间苗和除草的农具。形制上有叉形和铲形之分。

用锄劳作是一种艰苦的劳动，其间孕育了我国劳动人民的智慧。我国古代很多诗歌中都对这一劳动方式进行了咏叹。其中大家最熟悉的就是唐代李绅的《悯农》诗："锄禾日当午，汗滴禾下土。谁知盘中餐，粒粒皆辛苦。"

☆ ☆ ☆

用锄挖掘时，其运用了杠杆原理，用最小的力可以挖更深的地，或斩断较粗的植物根茎。另外，其长柄可以起到缓冲作用，即挖掘时地面或植物根茎会产生巨大的反作用力，但双手只承受较小的部分弹力。

农民在旱时锄耕，主要是切断草根之类的毛细管，使杂草等不能再生，从而使之不与农作物争夺养分；在涝时多锄地，主要是使地表土壤松散，增加氧气供应与加快水分蒸发，以利于农作物生长。

船桨 oar

文化溯源

我国是舟的故乡,也是桨的故乡。在一万多年以前河姆渡文化的新石器时代,就开始出现了独木舟和桨。当然,当时的桨与今天的桨差别很大。在春秋战国以及秦汉两朝,由于海军的雏形"舟师"的发展,以及皇帝们为寻长生不老药而多次发动的"东渡"活动,桨逐渐趋于大型化,握杆变长,桨板缩短变薄,用起来更加方便、更加有力,从而加快了水上航行的速度。桨柄上端一侧一般凿有一个孔形凹槽,榫接一横柄,以便搁挂或手握。晋朝以后,桨在外形上已经基本定型,只是体积和表面积不断增大,用桨的规模也逐渐变大,由原来的一舟二桨发展为"一舟(此时舟体积已经比较庞大了)桨叠层",即用上下两排桨。此时,船上出现了精密的用以控制桨划动的机器。

用桨划水时,动力臂小于阻力臂,所以桨属于费力杠杆。用桨划水虽然费力,但可省距离。其也用到了牛顿第三运动定律,即人往后划桨时,对水施加了一个力。根据作用力和反作用力原理,水会对桨施加一个向前的力,这个力作用在桨上,通过划桨的人传递到船上,于是船向前运动。为了减少桨在划动中受到的阻力,桨都被设计成流线形,桨叶则呈扁平的柳叶状,且自上(柄部)而下逐渐变薄。

锤子 hammer

文化溯源

锤子是用以敲打物体使其移动或变形的工具。锤子有各种样式，常见的有：一圆木柄或方木柄把手，顶部榫接锤头；锤头一头是平坦的以便敲击，另一头则是羊角形的或楔形的（其功能为拉出钉子）。

锤在古代还是大将用的兵器之一，是一种冷兵器，虽然笨重，但杀伤力比较大。评书或演义小说中常提到"唐宋八大锤"：金锤李元霸、银锤裴元庆、铜锤秦用、铁锤梁开泰。"八大锤"不是8个人，是4个人，因为每人使的是双锤。

我国民间收藏家王孝立用 3 年时间收藏了 4 000 多把大大小小、形状各异的锤子。每一种锤子都代表一种手艺和劳动方式，它们是历代能工巧匠劳动的工具。劳动创造了历史，收藏锤子正是用一种更传统的形式记录并品味历史。王孝立所收藏的最大的锤子是外形像鼓的"鼓锤"，足有几十公斤重，据说是打木桩用的；最小的锤子不足 100 克，是手艺人在首饰、金银器具上雕花刻字时使用的；最长的一把锤是柄长 1 米多的"登山锤"。

锤子的锤头具有质量大的特点，这就使得它的惯性比普通的用来敲击的工具更大。当人挥舞锤子的时候，人施加给锤子的力改变了锤子固有的运动状态。在惯性的作用下，当人不再施力的时候，锤子依然以几乎与受力时相同的状态运动，获得较大的能量（动能），实现对物品的敲打。用锤子拉出钉子则利用了省力杠杆的原理。

搓衣板 washboard

文化溯源

搓衣板是农村常用的洗衣工具。搓衣板是什么时候发明的,史无可考。"搓"字最早出现在唐诗里,据此可知搓衣板的历史至少可追溯到唐朝。搓衣板一般由厚实的宽木制成,一面凿成一格格的锥形条。

在农村,搓衣板经常和棒槌一起配合完成洗衣过程。在这个过程中,村妇们既要付出辛勤的劳动,也能衍生出别致的情调。我国古代和现代不少诗文中都有关于这一劳动现象的描写,如沈从文《边城》中沱江两岸妇人们此起彼伏的捣衣声,李白《秋歌》中的"长安一片月,万户捣衣声",杜甫《秋兴八首》其一"寒衣处处催刀尺,白帝城高急暮砧",白居易《江楼闻砧》中的"江人授衣晚,十月始闻砧"。

衣物与搓衣板之间的摩擦相当于人力揉搓。搓衣时加强了衣物与搓衣板之间的挤压、揉搓效果。洗衣时加入适量的肥皂或者洗涤剂,这利用了相似相容原理。在洗涤过程中,油脂与肥皂或洗涤剂接触后,其烃基部分将油污包围起来,经由搓衣板产生的摩擦、振动,使油脂脱离衣物。

独轮车 *wheel barrow*

文化溯源

我国在东汉时期就出现了独轮车。独轮车俗称"鸡公车"、"二把手"。独轮车一个人便能够推动，既可乘人，又可载物，比人力担挑、畜力驮载的运输量要大几倍。三国时期，诸葛亮率军出祁山伐魏，由于道路险阻，曾创制"木牛流马"运送粮草。据专家考证，"木牛流马"就是一种构造比较特殊的独轮车。我国古代神话传说中的哪吒脚踏风火轮，此风火轮就是我国古代独轮车的艺术化。独轮车在古代是一种非常经济而又实用的交通运输工具，是我国在交通运输史上的一项重要发明，这项发明比欧洲要早10个世纪。日本学者在研究自行车发展史时，认为我国发明的独轮车是自行车的最早形态。

独轮车利用杠杆原理，使负载的抗力点靠近支点（即车轮），把负荷分担在独轮车与操纵者之上，既省力又有效率。独轮滚动产生的摩擦力小于在地上滑动产生的摩擦力，因而能使笨重或大量的负载移动变得轻松，所以它在建筑工地、农村、山区应用极为广泛。

帆船 *sailboat*

文化溯源

帆船是用风帆借风力推进的船。帆船是人类跟大自然作斗争的一个见证，它的历史同人类文明史一样悠久。除中国古代"四大发明"之外，我国古代劳动人民在造船与航海技术方面也作出了很大的贡献。欧洲人从东方学去的五项技术（三角帆、纵帆、舵、水密隔舱、水鸟船型）里，有四项都源于中国，而这些技术对帆船时代的造船与航海起了非常重要的作用。现在已经是"后帆船时代"，除体育运动外，很少见到帆船的身影。

　　帆船逆风而行所靠的主要动力是吸力。根据流体力学原理，流体速度增加，压力就会减低。空气要绕过向外弯曲的帆面，必须加快速度，于是压力减小，产生吸力，把船帆扯向一边。船帆背风一面因压力降低而产生的吸力相当大，可比迎风一面产生的推力大一倍。风在帆两侧产生的吸力和推力使船侧向行驶，但中插板阻止船侧向行驶，于是风力分解为两个分力：一个分力推动帆船向前行驶，另一个分力使船向背风一面倾侧。因此，要由舵手在船的另一边探身出外，保持平衡。帆船不能完全正面迎风航行，一艘长 12 米的帆船可与风向成 12°～15°的夹角逆风行驶。如果要正面迎着风的方向前进，必须以"之"字形路线航行。逆风行驶时，船与风向的夹角越小，速度就越慢。舵手若以角度较大的"之"字形路线航行，航速会加快，不过航程会更长。

纺车 *spinning wheel*

文化溯源

远在原始社会的新石器时代，我们的祖先就已经发明了纺线的工具。早期的纺线工具叫纺专，是用陶质或者石质材料制成的，样子很像一个圆盘。用纺专纺线既吃力又缓慢，拈度也不均匀，产量和质量都很低。后来，经过劳动人民的实践改造，现代纺车得以产生。纺车的应用大大推动了我国纺织工艺技术的发展，中国的丝绸纺织品闻名于世。

在抗日战争时期，八路军在延安用纺车开展大生产运动，用以解决军民的穿衣问题。大家苦中作乐，一边劳动一边放声歌唱自编的歌谣：

　　　　太阳出来磨呀么磨盘大，
　　　　你我都来纺呀么纺棉花。
　　　　手里紧握棉花卷，
　　　　根根线条往外拉。

曹雪芹在《红楼梦》第十五回中,也描写了村姑二丫头为贾宝玉演示用纺车纺线的细节。

纺车有不同的种类(水力纺纱机、手摇纺车、脚踏纺车),它们的基本工作原理与小纺车相似,即采用绳弦集体传动方式带动锭子旋转。从机械学的角度来看,三锭纺车和小纺车在工艺方面相差不大,主要是对麻缕进行加捻与和线。它们都由脚踏和纺纱两部分组成,其中脚踏部分又由踏杆、凸钉和曲柄三个部件组成,利用杠杆原理进行工作;而纺纱部分则由绳轮和锭子两个部件组成。

斧头 axe

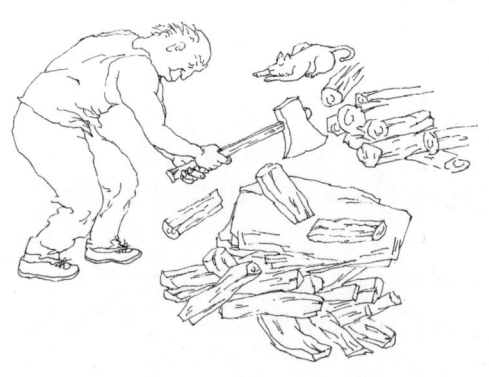

文化溯源

斧头也是一种古代兵器，与戈、矛几乎同时出现。黄帝时即有"斧钺"之名，在当时其并非一种兵器，而是一种刑具。《刑书释名》载："黄帝五刑，四曰斧钺。""五刑"即甲兵、刀锯、钻凿、斧钺、鞭扑。由此推知，斧始于黄帝。斧头主要用于劈、砍、剁、抹、砸、搂、截等，舞动起来显得粗犷、豪壮，可以显出劈山开岭的威武气势。我国史籍中鲜见斧兵的记载，而古典小说中则多有描述。《三国演义》第五十二回："道荣出马，手使开山大斧，……抡大斧竟奔孔明。"《水浒传》第三十八回说"黑旋风"李逵"使两把板斧"，第七十二回说李逵"拿着双斧，大吼一声，跳出店门"。一般来说，斧是历代猛将使用的兵器。

物理趣谈

斧头是一种简单机械，当施力在斧头上时，它可以在被劈物体接触的侧面上施加很大的分力。我们可以运用力的分解和合成原理来研究斧头：假设斧头是对称的，斧头劈尖的角度为 2θ，物体作用于斧头每个斜面的垂直作用力为 N，则两个 N 的水平分量互相抵消；竖直分量为 $2N\sin\theta$，比 $2N$ 小，则人用比较小的向下力就可以劈开较硬或厚的物体。

公道杯 the fair mug

文化溯源

公道杯是古代的一种特制酒杯，杯中央立一老头或龙头形装置，体内有一空心瓷管，管下通杯底的小孔，头下与杯底连接处留有一孔。向杯内注水时，若水位低于瓷管上口，水不会漏出；当水位超过瓷管上口，水即通过杯底的漏水孔漏出。

据说明洪武年间，御窑厂成功烧制了"九龙杯"进贡给皇帝朱元璋。在宴会上，朱元璋想让自己的宠臣多喝点酒，特命人给他们的"九龙杯"中斟满酒，而将几个总是直言进谏大臣的酒斟得浅浅的。不料，满杯中的酒流出来减少了，而不满杯中的酒却点滴未漏。原来，此杯甚为公道，只可浅平，不可过满。皇帝为谨记从此杯的"公道"所得到的启发，便把"九龙杯"改名为"九龙公道杯"，历史上也把它称作"戒盈杯"、"平心杯"。"公道杯"是中国人聪明才智的又一体现。

　　"公道杯"是根据物理学上的虹吸原理制成的。虹吸现象是液态分子间引力与位能差所造成的，即利用水柱压力差，使水上升后再流到低处。

　　我国古人很早就懂得应用虹吸原理。应用虹吸原理制造的虹吸管，古代称"渴乌"或"过山龙"，东汉末年就出现了灌溉用的渴乌。宋朝曾公亮的《武经总要》中，有用竹筒制作虹吸管把峻岭阻隔的泉水引下山的记载。中国古代还应用虹吸原理制作了唧筒，即战争中一种供守城之用的灭火器。宋代苏轼在《东坡志林》卷四中也有四川盐井中用唧筒把盐水吸到地面的记载。西南地区的少数民族用一根弯曲的去节长竹管饮酒，也利用了虹吸原理。

红薯洞 sweet potato cave

文化溯源

红薯洞是指农村储藏红薯的地窖,一般挖在房屋旁边的山坡处,也有建在自己家中的。窖形可根据储种的多少来定,如井形窖、"T"形窖等。

长期封闭的红薯洞,里面的氧气会与所存储的植物发生化学反应产生废气,贸然进去会对人体产生毒害作用。另外,有些红薯洞由于土质松动或年久失修,极有可能发生塌陷。因此,小孩切勿私自钻进红薯洞玩耍。

☆ ☆ ☆

红薯洞中温度、湿度的变化会直接影响到红薯的保存状况。红薯最适合的储藏温度为 9~15℃,高了它会发芽,低了会被冻伤。而且,红薯对湿度的要求也很高,太干燥,水分会很快流失;太潮湿,又会受到病菌的侵扰,并很快腐烂。一般来说,红薯洞里的相对湿度为 85%~95%,红薯洞最好建在背风向阳、地势高且干燥的地方。

呼鞭 whiplash effect

文化溯源

鞭子是赶车人（或称车把式）手中的必备物。车把式一扬鞭子，发出一声脆响，拉车的牲口便应声奋蹄奔跑。我国周代的《春秋传》中也有关于鞭的记载。鞭由策（鞭杆）、䩭（tīng，鞭绳）和鞘（shāo，鞭绳末端的皮条）三部分构成。鞭子的主要用途是驱赶，而不是挞（即用鞭子抽打）。在我国古代，鞭子除了用于驱赶牲口外，还有一个有趣的用处：利用鞭子造成的响声为某些礼仪活动增加威严或热烈气氛。

　　用鞭子驱赶牲口，主要是利用扬鞭动作以及产生的声音效果反复作用于牲口，使牲口形成条件反射。甩鞭时，鞭鞘部分移动的速度大得惊人，可以超过声速，在局部形成冲击波，这就是我们能听到一记清脆响声的原因。

　　人类几千年前就出现了利用鞭子响声的现象，但直到1941年才弄清楚其中的奥秘。要进一步研究一根柔索在任意条件下开始运动时的一般运动规律（根据重力与外部端头的力来求解）是非常困难的，它的难度恐怕不亚于量子力学、湍流、材料断裂等著名的世界难题！

戽斗 *bailing bucket*

文化溯源

戽（hù）斗是我国民间最原始的灌溉农具。戽斗一般用竹篾、藤条等编成，略似斗，两边有绳。使用时两人对站，拉绳汲水，亦有中间装把供一人操作的。《吴地农具》载：戽斗又称"拷桶"，用戽斗提水叫"拷水"。

关于戽斗，历史上有很多优美的诗词，如南宋方岳《热甚有怀山间》诗云：

<blockquote>
终是山间别，寒泉在脚边。
戏鱼争美荫，啼鸟破佳眠。
山寂夜如水，僧闲日抵年。
欲来来未得，戽斗救枯田。
</blockquote>

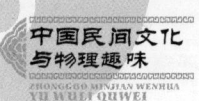

  因为戽斗全是靠人力操纵的，所以越轻越好。在需水量不是很多的情况下，用戽斗戽水很方便。戽斗一般由两个人操作，分站两边，先在水边（蓄有水的堰塘、水沟等）挖个口子，在田里筑个卤子（方言，即先在所需水的田靠近水源的地方用泥巴筑成一个小围坝，防止水回流到原处）。

  戽水时，要弯腰，前腿弯曲，胳膊抻直，身体向前倾；然后突然使劲，将戽斗提出水面。由于惯性，水被甩进卤子里。提水时，戽斗的前绳要提高点，以免水流出；到卤子里后则反过来，将戽斗的后绳提高，前绳放低，整个戽斗呈倒立状，使戽斗里的水倒出并流进卤子里。两人用力要一致，使合力达到最大。

戽桶 threshing bucket

文化溯源

戽桶是打谷用的传统工具。如今,很多地方戽桶已经消失(可能偏远山区仍可见到),替代它的是打谷机,甚至有些地方使用了联合收割机。戽桶在一些山区还存在,这归于它的优越性:重量轻,体积小,一人扛着到处跑;既节能,又环保,谷粒干净空壳少。

用戽桶打谷除了需要体力之外,还要能忍受炎热。

 物理趣味

  戽桶形状像斗，上宽下窄，四周用松软、耐磨、抗腐蚀的桐木板围成，高约 0.5 米。上口和底面均为正方形，宽度分别约为 1.3 米和 1 米，四角各有一个耳，便于拖动；底部还有两根较粗的"拖木"，做得很光滑，以减少摩擦力，便于在稻田中拖动。

  打谷的姿势是很有讲究的，先用两手紧紧抠住稻禾一端（如果抱稻较多，则要用左手挑起 3 至 4 根稻禾，绕过右手的大拇指，再用左手拇指和食指紧紧夹住），然后双手向上扬起与头齐平，在空中划一个弧圈，用力拍打戽桶的边沿，谷粒就在惯性的作用下掉下来。在这个过程中，有几个动作要领必须注意："一抖二翻三慢四看"。"抖"是指在拍打之后双手要抖几下，使夹带的谷粒落在桶内；"翻"就是把稻禾翻过来再打；"慢"是指扬手动作要缓慢，以防谷粒被带出桶外；"看"就是检查谷粒是否打干净。

黄鳝竹夹

bamboo clip of catching eel

文化溯源

  黄鳝竹夹是农村人捉黄鳝的一种工具。清明节后的乡村，临近排小秧的时节，也正是一年一度鳝肥鱼美的黄金时节。儿时的记忆中，夹黄鳝其实是一件极为平常的事情，但又是一种值得深深回味的美好记忆。清明过后，黄鳝会钻出洞来觅食或者乘凉，有时还会直挺挺地扯长身子在水里睡大觉。小伙伴们打着赤脚，三步并作两步，在乍暖还寒的春水田里行走如飞，找准机会便扯出竹夹一把夹住黄鳝的身子，然后牢牢捏住，轻松地往背后的竹笆篓里一甩，一条肥美的黄鳝就乖乖地成了俘虏。

物理趣乐

  选择一根经年的老竹子锯下一段，用锋利的弯刀破成两半，然后剔出两片竹片来，用刀将两片竹片的一边各刻出锯齿，再用烧红的铁丝在两片竹片中间烙一个洞，用铁丝将其紧扭在一起（能像剪刀一样活动），一把黄鳝竹夹便制作成功了。

  黄鳝竹夹主要运用了杠杆原理，它是省力杠杆，手稍微用力，黄鳝就会受到较大的压力和摩擦力。

活塞式木风箱
piston wooden boxes

文化溯源

　　活塞式木风箱是我国古代鼓风设备中最重要的发明，代表了古代鼓风技术的最高水平。活塞式木风箱出现于宋代，当时的一种喷火器——猛火油柜中已经运用了类似于活塞式木风箱的木扇风箱，且工作原理基本相同。活塞式木风箱设计巧妙，构造合理，制作简单，便于维护。活塞式木风箱发明后，经过宋元时期的推广和应用，到明清时期已基本取代了木扇风箱，成为最主要的鼓风设备，对我国封建社会后期冶金业的发展起到了巨大的推动作用。活塞式木风箱由于实现了双冲程鼓风，是鼓风技术的一次飞跃；其刚性、密封性好，能够产生较大的风压、风量，较皮囊及木扇风箱大大提高了工作效率。

我国古代的活塞式风箱有长方形和圆筒形两种,尺寸上有大有小,以适应大小不同冶金炉的需要。大小不同,所需人力多少也不同。其主要由木外壳、活塞、推拉杆、活门等构成,活塞板装于木质箱体内,箱体内下部或侧部设有一长方形风道,前后开口于箱内相通,中间有一向外的出风口(即排气阀),风口部设有一活阀,根据风道两边的压力差两边摆动,以保证鼓风顺畅。箱体的两端各设有活门,活门只能向里开,活塞板上固联着推拉杆。

工作时,人推拉推拉杆,使活塞板向箱体一端移动,在活塞板后的箱体内形成相对真空,外部空气压开此端的活门,进入箱体;同时,活塞前进方向的箱体由于活塞板的挤压气压增大,使此端的活门关闭,而出风口处竖直的活阀则向相反的方向摆动,使出风口与此部分箱体相通,气体由出口被鼓入炉内。如此往复推拉,即可连续鼓风,产生很强的风力。

火药铳 fire blunderbuss

文化溯源

火药是中国古代四大发明之一。唐朝初年，我国著名的炼丹家孙思邈在他的著作《丹经》中提出了用硫磺、硝石和木炭混合炼丹的方法。当时，硫磺、硝石均是用来治病的药，这两种药和木炭和在一起能着火，因而将其称为"火药"。到了10世纪，火药已被广泛应用于军事，在唐朝至北宋时期，军队已广泛使用霹雳火球、火药箭、震天雷等火器。大约在公元905年，中国最早的枪——"火药铳"（简称"火铳"）出现了。

 物理趣味

　　火药铳的基本形状为：前段是一根粗竹管；中段鼓胀的部分是火药室，外壁上有一点火小孔；后段是手持的木柄。发射时左手扶住铁管，右手点火，一声巨响后，射出石块或者弹丸，未燃尽的火药粉末会喷出枪口达两三米。
　　它的基本原理是枪管内火药燃烧，产生剧烈高温高压的气体，冲击弹丸从枪口发射出去，把气体的内能转化为弹丸的机械能（动能）。

剪刀 scissors

文化溯源

剪刀是人们日常生产生活不可或缺的工具，其在中国的历史相当悠久，洛阳的西汉古墓中出土的剪刀距今已有2100多年的历史。

关于剪刀有一个传说：西汉末年，王莽毒死了汉平帝，篡夺了汉室江山。他怕刘家的子孙们再恢复汉室，想把那些皇子皇孙斩尽杀绝，但刘秀逃走了。王莽带兵追杀刘秀时，向刘秀射出一支"追命箭"。眼看刘秀命将不保，天上的织女看到这一情景，生了恻隐之心，随手掷下一把剪刀来，化作一座山挡住了这支要命的箭。刘秀趁机躲进一旁的田地中，农夫将此剪刀藏在犁沟里。追兵赶来时农夫只说没看见，牛也帮着说"哞——哞——"。一只小鸟想揭穿"谎言"，直叫着"泥沟里——泥沟里——"，而天上又飞来一只老鸹，警告小鸟"你莫管——你莫管——"，刘秀最终躲过一劫，脱险了。

　　剪刀是利用杠杆原理制作的，它的支点就在将两片剪刀连接在一起的铁铆钉上，它的手柄长度等于力臂，刀口长度等于重臂。我们可以针对不同的工作对象制作不同的剪刀。如果要省力，就把刀口做得短一些，把手柄做得长一些；如果要一次多剪东西，就要把刀口做得长一些，把手柄做得短一些。除了省力上的考虑，还要针对不同的工作对象，在剪刀的形状上动一动脑筋。例如，同样是"园艺剪"，就有好几种形状，修树叶的，不但刀口长（可以一次剪去许多树叶），而且手柄向上弯，为的是方便操作；剪树枝的，不但刀口短（可以省力），而且其中一个刀口要做成半圆形，为的是可以包围树枝。

　　剪刀的使用也是大有讲究的，使用得好就能做到事半功倍。例如，用剪刀剪马口铁时，要尽力使剪口张开得宽些，目的是能把金属顺利地塞进靠近旋转中心的地方，阻力矩的力臂短些就可以省力。在剪刀的剪柄或平口钳的把手上，成年人一般要用 400～500 牛顿的力，但由于动力臂可能是阻力臂的 20 倍，因此我们就能够在剪刀上获得约 10 000 牛顿的力，并使其紧紧地咬住金属。

脚碓 pestle

文化溯源

脚碓（dui）是我国民间一种用脚踩踏的公共舂米用具，大多建在村口路旁。逢年过节时，农村中家家户户都要蒸米馃、打年糕、做米糖，此时的脚碓房就变得十分热闹。在有些地方，还经常用脚碓捣碎干红辣椒，用以制作辣椒面。脚碓一般需要两人操作，一人踩碓，一人翻动石臼中的粮食。这样不仅舂得均匀，而且效率高。在过去，脚碓房常常是青年男女谈情说爱的理想场所。

脚碓利用的是杠杆原理。由动量定理可知，脚下用力越大，石杵就抬得越高，落下来的速度也越快，从而获得较大的能量（动能），下舂的力度就相当大。

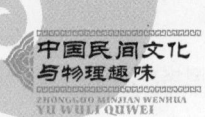

桔槔 shadoof

文化溯源

桔槔（jié gāo）俗称"吊杆"、"秤杆"，是一种原始的汲水工具。它是我国春秋战国时期的古老科技发明，出自郑国（都城在今新郑市）人邓析之手。孔子的弟子子贡曾说："有械于此，一日浸百畦，用力甚寡而见功多……凿木为机，后重前轻，挈水若抽，数如泆汤，其名为槔。"桔槔的发明不仅极大地减轻了农民的劳动强度，而且成倍地提高了灌溉效率。在现代农村中，仍有采用桔槔汲水的。

桔槔是根据杠杆原理制作的。吊杆中间是支点，末端悬挂一圆形大石块，前端悬挂水桶。当人把水桶放入水中打满水以后，借助末端石块的重力作用，便能轻松地把水提拉至所需位置。

锯子 saw

文化溯源

中华民族早在新石器时代就会加工和使用带齿的石镰和蚌镰，这些是锯子的雏形。一般认为是鲁班发明了锯子。传说，有一年鲁班接受了一个很大的任务——建筑一座大宫殿。这个工程需要很多木料，且限期很短。鲁班的徒弟们每天都上山砍伐木材，但是效率实在是太低了。完成不了任务是要受重罚的，鲁班心里非常着急，就亲自上山察看。上山的时候，他偶尔拉了一把长在山上的一种茅草，手一下子就被划破了。鲁班很奇怪，小小的一根茅草为什么这样锋利？他把茅草扯下来细心观察，发现草的两边长有许多小细齿，他的手就是被这些小齿划破的。既然茅草的齿可以划破手，带有很多小齿的铁条就应该可以锯断大树吧。于是，在金属工匠的帮助下，鲁班做出了世界上第一把锯子——一把带有许多小齿的铁条。他利用这个简陋的锯子去锯树，果然又快又省力，锯子就这样发明了。

　　锯的钢条上排列着一个个锯齿。从齿形来看，锯齿的两个面都是斜面，一个斜面较陡，另一个斜面较缓。较陡的一个面是工作面，可以在推锯时切割木材等，提高工作效率；较缓的一个面可以使回锯时更省力。从锯条一端顺着钢条看过去，就会发现锯齿并不都在一个平面上，因为光有尖齿不行，还要把尖齿一个往左斜、一个居中（叫作定齿）、一个往右斜，这样三个一组地接连排列着的锯齿才好使。如果锯齿完全平列不向左右错开的话，那么锯出来的锯路就恰好等于锯条的厚度，锯条就会与木头贴得很紧，锯片就会完全与锯道发生摩擦。由于受力面积大，锯片就会被夹住，不易来回拉动。而且，由于摩擦力很大，会使锯条发热以致断裂。

筷子 chopsticks

文化溯源

筷子古称箸,是一种非常具有中华民族特色的进食工具。古籍《韩非子·喻老》载:"昔者纣为象箸,而箕子怖。"纣王为商代末期的君主,可见早在公元前 11 世纪我国已出现象牙制造的筷子,也就是说,我国有史记载的用筷历史已有 3 000 多年。

民间关于筷子的传说也不少,一说姜子牙受神鸟启示发明丝竹筷,一说妲己为讨纣王欢心而用玉簪作筷,还有关于大禹治水时为节约时间以树枝捞取热食而发明筷子的传说。

传说姜子牙只会直钩钓鱼,其他事一件也不会干,所以十分穷困。他老婆实在无法跟他过苦日子,就想将他害死另嫁他人。这天姜子牙又两手空空回到家中,老婆说:"你饿了吧?我给你烧好了肉,你快吃吧!"姜子牙确实饿了,就伸手去抓肉。窗外突然飞来一只鸟,啄了他一口,他疼得"哎呀"叫出声来。肉没吃成,他忙去赶鸟。当他第二次去拿肉时,鸟又啄他的手背。姜子牙犯疑了,鸟为什么两次啄我,难道这肉我吃不得?为了试鸟,他第三次去抓肉,这时鸟又来啄他。姜子牙估计这

是一只神鸟，于是装着赶鸟一直追出门去，一直追到一个无人的山坡上。神鸟栖在一枝丝竹上，并呢喃鸣唱："姜子牙呀姜子牙，吃肉不可用手抓，夹具就在我脚下……"姜子牙听了神鸟的指点，忙折了两根细丝竹回到家中。这时老婆又催他吃肉，姜子牙于是将两根丝竹伸进碗中夹肉，突然看见丝竹咝咝地冒出一股青烟。姜子牙假装不知放毒之事，对老婆说："肉怎么会冒烟，难道有毒？"说着，姜子牙夹起肉就向老婆嘴里送。老婆脸都吓白了，忙逃出门去。

姜子牙明白这丝竹是神鸟送的神竹，任何毒物都能验出来，从此每餐都用两根丝竹进餐。此事传出后，他老婆不但不敢再下毒，而且四邻也纷纷学着用竹枝吃饭。后来效仿的人越来越多，用筷吃饭的习俗也就一代代传了下来。

这个传说显然与史料记载不符，据说姜子牙没有妻子。姜子牙和殷纣王是同时代的人，既然纣王已经用上象牙筷，那姜子牙的丝竹筷也就谈不上什么发明创造了。不过有一点却是真实的，那就是商代民间以竹为筷。

二

传说商纣王喜怒无常，吃饭时不是说鱼肉不鲜，就是说鸡汤太烫，有时又说菜肴冰凉不能入口。结果，很多厨师成了他的刀下鬼。宠妃妲己也知道他难以侍奉，所以每次摆酒设宴，她都要事先尝一尝，免得纣王咸淡不可口又要发怒。

有一次，妲己尝到有几碗佳肴太烫，可是调换已来不及了，纣王已来到餐桌前。妲己为讨得纣王的欢心，急中生智，忙取下头上长长的玉簪将菜夹起来，吹了又吹，等菜凉一些了再送入纣王口中。纣王是荒淫无耻之徒，他认为由妲己夹菜喂饭是件享乐之事，于是天天要妲己如此。妲己即让工匠为她特制了两根长玉簪夹菜，这就是玉筷的雏形。以后这种夹菜的方式传到了民间，便产生了筷子。

三

相传大禹在治理水患时三过家门而不入，都在野外进餐，有时时间紧迫，兽肉刚烧熟就急欲进食，然后开拔赶路。但由于滚烫无法下手，他就折两根树枝夹肉或粉粢（米饭）食之，这就是筷子的雏形。传说虽非正史，但因熟食烫手，筷子应运而生，这是合乎人类生活发展规律的。

筷子的正确使用方法是用右手执筷，大拇指和食指捏住筷子的上端，另外三个手指自然弯曲扶住筷子，并且筷子的两端一定要对齐。

筷子作为吃饭时夹取食物的用具，利用的是杠杆原理。以拿筷子的右手的虎口处为支点，食指的指端作为动力作用点控制其开合，夹食物处当然是阻力作用点。由于阻力臂大于动力臂，所以筷子是费力杠杆。用筷子夹食物时，摩擦力起到了关键的作用。另外，根据费力杠杆的原理，省力不省距离，所以手只需要微微张开，夹菜端就能张开较大的尺寸，夹上较大较多的菜。

拦河坝 dam

文化溯源

　　拦河坝就是拦断河道、阻挡河水的建筑物。建造拦河坝的主要工程有开挖土方、清淤、河道铺底、石砌堤坝和护坡、压顶、支流清淤等。

　　关于拦河坝的起源，一般认为与大禹治水有关。大禹是我国古代一位具有雄才大略的政治家和水利专家。他在治水害的同时，还指导人们恢复和发展农业生产。他每治理一个地方，都主动团结氏族部落酋长，完善政权建设，使百姓安居乐业。目前，在许多地方还可见到先人筑坝挡水的遗址。2006年，我国考古学家在杭州余杭南湖一处古河道发掘出4 000年前先人利用木桩拦截河道的"水利工程"遗址，木桩直径100～150毫米不等，共100余根，排列成40余米长。

物理趣味

在原料一定时，将拦河坝的坝体设计成上窄下宽的梯形形状主要有以下作用：一是降低重心，增加稳度；增大受力面积，减小对坝基产生的压强；增大坝体的有效植被面积，减少水土流失。二是抗水压。因为液体压强随深度的增加而增大，下部修得宽些，能够增强坝体底部的抗压能力。三是防渗漏。堤坝下部水产生的压强越大，水越容易渗进坝体。把下部修得宽些，就可以延长堤坝内水的渗透路径，增大渗透阻力，从而提高堤坝的防渗透性能。四是防滑动。堤坝内水的压力总有将大堤水平向外推动、将大坝推向下游的作用，堤坝基底需要有与之抗衡的静摩擦力，才能保持作用力平衡。上窄下宽的梯形坝体受到水施加的压力是斜向下的，相对增大了水对坝体竖直向下的压力，从而增大了坝体与坝基间的最大静摩擦力，达到防止堤坝滑动的目的。

犁 plough

文化溯源

中国、埃及、波斯等农业古国在三四千年以前就有了用牛拉的原始木犁。中国的铁犁最早出现在战国时期。清代晚期由于冶铁业的飞速发展，出现了铁辕，使耕犁更加坚固耐用。

民间关于牛耕地有一个故事。从前，由于生产力低下，人们每年种的粮食只够每人每天一餐食用，后来他们发现牛的力气特别大，就想办法利用牛来为自己耕地。于是人们就跑到天地神那里去告状，说每到春耕时发现头一年挖好的地总是被牛踩得硬硬的，要求天地神让牛耕地。天地神找到牛时，牛也特别不服气地说："我最喜欢的草场都被他们挖完了，我要他们还我的草场。"于是牛和人们开始打官司。最后天地神想了

一个办法定胜负，即谁身上的毛多谁就算输，输家必须满足对方的要求。可是数来数去牛身上和人身上的毛恰好一样多，没法定胜负。这时，一个人突然发现牛大大的鼻孔里的毛还没数呢。牛一下子被吓呆了。从此，牛被天地神指定专为人类耕地。

很重的铁犁不仅可以提高自身的坚固性，而且由于自身重量的增加，犁的破土和翻土能力大大提高。用犁耕田主要利用的物理原理有杠杆原理、力的合成和分解原理。犁铧是一个近似的斜面，在农夫的控制下，由于力的合成和分解，把土翻耕过来。犁壁是安装在犁铧上用来翻土的部件，可分为马鞍形、菱形、瓦形和缺角方形四种。马鞍形犁壁向两边翻土，而菱形、瓦形和缺角方形犁壁只能向一边翻土。曲面犁壁引导犁铧破开的土垡逐渐上移，进而使其碎断、翻过来，经曝晒后既可以疏松土壤，又可以杀灭害虫；同时，由于土块被翻开，犁壁与土块的碰撞摩擦力减少，耕作效率大大提高。

连枷 flail

文化溯源

连枷为农村手工脱粒农具，由柄和杆组成。工作时上下挥动竹柄，使敲杆绕轴转动，敲打麦（稻）穗使麦子（谷子）脱落。在收获季节，家家户户会在谷场上、马路边摊开谷物，人们顶着炎炎烈日抡圆了连枷，"噼里啪啦"、"噼里啪啦"，丰收的喜悦在连枷条子底下流淌。

古代兵器不少是从农具转化来的，双节棍就是由"连枷"演化而来的。另外，湖南湘西苗族武术器械"连枷刀"也是从"连枷"演化而来的兵器。

☆ ☆ ☆ 物埋趣味

连枷由连枷模子（柄）与连枷条子（杆）组成。连枷模子一般选用一段一端带有树结且稍稍有点弧度的黄柏木制作，因为其木质坚硬耐用，轻而有力。连枷条子一般以水柳条子为佳，最好是老树桩当年旁发出的枝条。

握住连枷模子，通过连枷条子的旋转，把势能转化为动能，循环往复拍打谷物，就可以达到脱粒的目的。

镰刀 sickle

文化溯源

镰刀俗称镰子、割刀，是农村使用频率最高、用途最广的一种农业生产工具。打柴、割草、收割农作物都离不开它。镰刀呈月牙状，刀口有斜细锯齿，尾端装有木柄。

中国共产党党旗上有镰刀与锤子的图案，其中镰刀象征着中国的农民阶级；锤子象征着工人阶级。关于镰刀有很多美好的诗词，如毛主席在《西江月·秋收起义》中写道："军叫工农革命，旗号镰刀斧头。匡庐一带不停留，要向潇湘直进。地主重重压迫，农民个个同仇。秋收时节暮云愁，霹雳一声暴动。"

镰刀由一片弯曲的带齿刀片（刀刃在内）和手柄组成。用时一手持柄，一手持草，刀片放平，向内用力。镰刀可以视为一个杠杆，镰刀绕其转动的点是支点（手握着的地方）；使镰刀转动的点是施力点（手对它的力）；阻碍镰刀转动的点是受力点（草对它的力）。因为镰刀是弯的，而且刀柄与刀成一定的角度，所以劳作起来十分省力。

辘轳 windlass

文化溯源

中国在公元前 1 100 多年就发明了辘轳。到春秋时期，辘轳已经相当普及了。辘轳的主要部件是一根短圆木，上绕绳索，圆木可环绕其固定轴转动。春秋时期，军用巢车或八轮车上装有辘轳，以便将巢车举起，使车内人能居高望敌。自战国到汉代，辘轳常被用作入葬下棺的机械。辘轳的制造和应用在古代是和农业的发展紧密联系的，它广泛地应用在农业灌溉上。现在在一些地下水很深的山区，还在使用辘轳从深井中提水，以供人们饮用。在一些地方，也有使用牛力带动辘轳，再装上其他工具用来凿井或汲卤的。

辘轳是从杠杆演变来的汲水工具，其利用了滑轮原理。辘轳的支点是辘轳的轴心，重臂是辘轳的半径，力臂是摇臂，摇臂比辘轳的半径长，属于省力杠杆。

煤油灯 *kerosene lamp*

文化溯源

煤油灯多为玻璃材质，外形如细腰大肚的葫芦，灯头一侧有个可把灯芯调进调出的旋钮，以控制灯的亮度。简易的煤油灯制作方法是：利用废旧墨水瓶或玻璃瓶，先在盖上打一个圆孔，然后将铝质牙膏皮等制成的灯芯模插到圆孔里，用棉花或布条做灯芯，在瓶内注入煤油，用火柴点上就可照明。20世纪六七十年代，在没有通电的农村地区普遍使用的还是煤油灯。在计划经济时期，物质匮乏，煤油要凭票到供销社购买。为了省钱，人们经常只点一盏煤油灯，做饭时灯在堂屋，一家人便都围在堂屋；做好饭后，把饭端到里屋，灯便也跟着到了里屋。细心的女主人会适时调节灯的亮度，只有孩子写作业的时候才把灯光调亮点。但上下跳动的忽明忽暗的灯光依旧照不了多远，孩子们只能围灯而坐。时间稍长，就会两眼昏黑。

　　煤油灯的下面是个油壶，上面是灯盏，灯盏上有灯芯柱，灯芯柱上的齿轮可以通过把手转动。连接上下的就是灯芯了，它是由棉织物织成的扁的或圆的带状物。通过把手转动齿轮，灯芯可以在灯芯柱里上下移动，从而调节灯光的强弱。煤油在最下面的油壶里，灯芯头部之所以可以点燃，是因为灯芯编织物细小的空隙可以往上供应煤油，这种现象叫"毛细现象"。毛细管插入浸润液体中，管内液面上升，高于管外；毛细管插入不浸润液体中，管内液体下降，低于管外。毛巾吸水、地下水沿土壤上升等都是毛细现象。

　　油可以通过灯芯持续上传燃烧，灯芯不被烧掉，这是因为被油泡着的灯芯的燃点比油挥发出来的气体的燃点高，挥发出的气体先被点燃。点燃后环境温度升高，挥发加快，灯芯的热量不断被挥发的气体带走，因此灯芯始终不能燃烧。一旦油烧没了，灯芯就会燃烧起来。

磨刀石 whetstone

> 文化溯源

磨刀石是我国农村用来磨刀的石头。适合磨刀的石头很多，砂岩和油石就是做磨刀石很好的材料。砂岩是一种沉积岩，由石粒在水的冲蚀下沉淀于河床上，经千百年堆积而成；因地球造山运动，这些坚硬的石头就出现在一些矿山中。油石是一种由天然矿物烧结而成的石头。

磨刀看似简单，其实有很多的技巧，由此衍生出了一个磨刀的职业。专门从事这一职业的人叫做磨刀匠。磨刀匠在农村是一个平凡而重要的职业，在城镇也常见到他们的身影。"修剪子嘞——磨菜刀——"经典而有韵味的吆喝声时常在人们的耳畔响起。随着社会的发展，人们的生活水平不断提高，需要经常打磨且笨重的铁刀已被轻便耐用的钢刀所代替，磨刀匠也渐渐淡出了人们的视野。

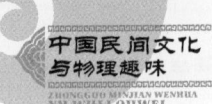

 物理趣味

磨刀石磨刀典型地运用了摩擦力的原理。按照刀具不同的功能、类型或所要修复的程度，可选择不同的磨刀石。比如，菜刀的刃口厚度一般为 0.02 毫米，再厚就"不快"，再薄就会出现卷刃或容易折。

在磨刀石上磨刀，就是利用磨刀石上密集的坚韧点来削掉刃口的铁，使其变薄。磨刀时要用水浇一下，主要是为了降温、冲刷掉铁屑和石浆。

磨刀时右手紧握刀柄，左手手指轻压住刀面，使刀具受到的压力和摩擦力保持平衡。磨刀时要一进一退来回磨，回拽时左手手指不要加力，那样易造成反口，磨一段时间后要逐渐减压以使刀刃变得更锋利。

木杆秤 *wood steelyard*

文化溯源

木杆秤是我国民间日常生活中常用的一种测量衡器。木杆秤早在秦朝度量衡统一标准之时就开始在民间使用,到南北朝时已广泛应用。

相传秤是范蠡(春秋末著名的政治家和实业家)在经商中发明的。人们在市场上买卖东西都是用眼估量,很难做到公平交易,于是范蠡便产生了创造一种测定货物重量的工具的想法。一天,范蠡在回家的路上偶然看见一个农夫从井中汲水,方法极巧妙:在井边竖一高高的木桩,再将一横木绑在木桩顶端;横木的一头吊木桶,另一头系上石块,此上彼下,轻便省力。范蠡顿受启发,急忙回家模仿起来:他用一根细而直的木棍,钻上一个小孔,并在小孔上系上麻绳,以便用手来掂;细木的一头拴上吊盘,用以装盛货物,一头系一鹅卵石作为砣;鹅卵石搬动得离绳越远,能吊起的货物就越多。于是他想:一头挂多少货物,另一头鹅卵石要移动多远才能保持平衡,必须在细木上刻出标记才行。但用什么东西做标记好呢?范蠡苦苦思索了几个月仍没有想出可行的办法。一天夜里,

范蠡外出小解，一抬头看见天上的星宿，便突发奇想，决定用南斗六星和北斗七星做标记，一颗星代表一两重，十三颗星代表一斤。从此，市场上便有了统一的计量工具——秤。

　　木杆秤是利用杠杆原理来测量质量的衡器。根据被称物的轻重移动秤砣，使砣与物体在秤杆上保持平衡，即可测出物体的质量。
　　以提纽为支点，根据两力矩相等（动力×动力臂=阻力×阻力臂）的原理，平衡时砣绳所对应的秤杆上的星点读数，即被称物的质量值。

刨子 plane

文化溯源

刨子，是一种用来刨直、削薄、出光、刨平物面的民间木工工具。传说，刨子是由中国古代木匠祖师鲁班发明的。在鲁班以前，木匠仅用斧子和刀来削平木料，既费时，效果也不好。后来鲁班通过长期的实践发现，使用的刀片越薄，所削制出来的表面越平，干起来也越容易。鲁班在实践中不断加以演变改进，最终形成了我们今天所熟悉的刨。

鲁班的妻子也是一位发明家。鲁班刨木料时，她不得不站在木料的一端握住粗糙的垫板，这样既费人工又费力。后来她发明了一个用以抵住被刨物的木槽，以抵消刨木产生的撞击力，使刨木从此成为可由一个人来干的工作。

物理趣味

刨子的刀口磨得越锋利，压强越大。压在刨刀上的盖铁叫压刀，作用是调节刨刀刃与木板的角度。刨刀与刨子底的夹角一般为45°，刨硬杂木时角度可稍大，刨杉松木时角度可稍小。夹角大则费力，夹角小则省力。

铅锤 *plumb*

文化溯源

木匠师傅或建筑工人工作时常常要用到铅锤。墙体与铅锤线标准一致时，表明墙体是直立的。这是大地测量和工程测量的基准之一。

铅锤在测量、工业加工、建筑施工、航空航天等领域起着重要的作用。从中国第一部工科巨著《周礼·考工记》可知，战国以前人们已懂得使用铅锤线来校正表的垂直度，用水平面来校正圭的水平状况。《周礼·考工记》称匠人"水地以县"（用水准器和铅锤线来确定地面是否水平），"置以县"（用铅锤线来测定标杆是否垂直）。根据东汉末年的经学大师郑玄的解释，"水地以县"就是"于四角立直而县以水，望其

高下,高下既定,乃为位而平地"(在仪器的四个角上分别挂上四根直线悬在水面上,由测量者观察各线的高低。测定出各线的高低后,就可以知道地面是否水平)。从这一记载看,当时已经掌握了利用挂着重物的线测量水平面的方法。

  处于静止状态的水平面称为水准面。水准面上处处与铅锤线方向垂直。由于地球引力的大小与地球内部的质量有关,而地球内部的质量分布又不均匀,因此地面上各点的铅锤线方向会有不规则的变化。
  在某个地方,铅锤只受到重力和拉力的作用,水平方向不受力,铅锤线指示铅锤的受力方向,即重力方向。建筑墙体时,沿铅锤线砌砖,可以保持墙体的垂直度和稳定性。

扇车 winnowing machine

文化溯源

  扇车在农村一般叫风车。大约在 2 000 年以前，我国就已经发明和使用扇车了，它是一种借助风力清除谷物中的秕糠和灰土的机具，当时又叫飏车。而欧洲则在 1 400 年以后才有类似于我国扇车的机具出现。元代著名农学家王祯在《农书》中曾对扇车进行了详细的描述。西汉以后，尤其在南方产稻地区，这种扇车已经相当普遍，几乎每家每户都有。

  扇车的出现使人们摆脱了对自然风的依赖，采用连续的人造风，根据需要随时对加工后的谷物进行清选，极大地拓展了谷物清洗加工的方式，提高了生产效率，对我国农业的发展起到了非常重要的促进作用。

农民在精选谷种或谷子时，要用扇车对谷子和秕谷（空壳）进行筛选。在同一风力作用下，谷子和秕谷都从洞口水平飞出，但谷种和秕谷的落地点不同。

简单地说，就是由于谷子和秕谷的惯性不同，质量大的谷子惯性大，质量小的秕谷惯性小。在同一风力的作用下，它们的混合物在一起做加速运动，但谷子的质量较大，加速度小，从洞口飞出时的水平距离小，所以落在近处的是谷子，落在远处的为秕谷。

扇子 fan

文化溯源

　　扇子起源于远古时代，我们的祖先在烈日炎炎的夏季，随手摘取植物叶等，进行简单加工，用来挡住太阳或扇风，故扇子有"障日"之称，这便是扇子的来源。

　　进入封建社会后，扇子被称为"翣"，它的主要功能不是纳凉，而是作为一种礼仪工具。

　　中国是制扇王国，在几千年的发展过程中，孕育出了底蕴深厚的扇文化。隋唐之后，文人墨客把扇子视为"怀袖雅物"，把手中持扇视为一种身份的象征。一些诗人、词人经常边摇纨扇边吟诗作赋，与扇子有关的诗词大量出现，如李峤的《扇》、白居易的《白羽扇》、唐怡的《咏破扇》，等等。一些以扇子为题材或作为穿插情节的作品也陆续问世，如孔尚任的《桃花扇》、吴承恩《西游记》中的"三借芭蕉扇"、曹雪芹《红楼梦》中的晴雯撕扇。扇与书画艺术也不断结合在一起，明代的沈周、文徵明、唐伯虎，清代的"扬州八怪"等，都有扇面书画作品传世。

　　至今，我国民间还流传着一首饶有趣味的《扇子谣》：

　　　　扇子扇，有凉风，
　　　　天天在手中。
　　　　有人问我借，
　　　　等到明年冬。

> 扇子扇风的目的是使空气流动加快，使人体表面的汗水加快蒸发。液体在蒸发时要从周围物体（包括人体皮肤）吸热，所以人就感到凉快。扇子属于费力杠杆，手对扇子施加的动力大于风对扇子产生的阻力。

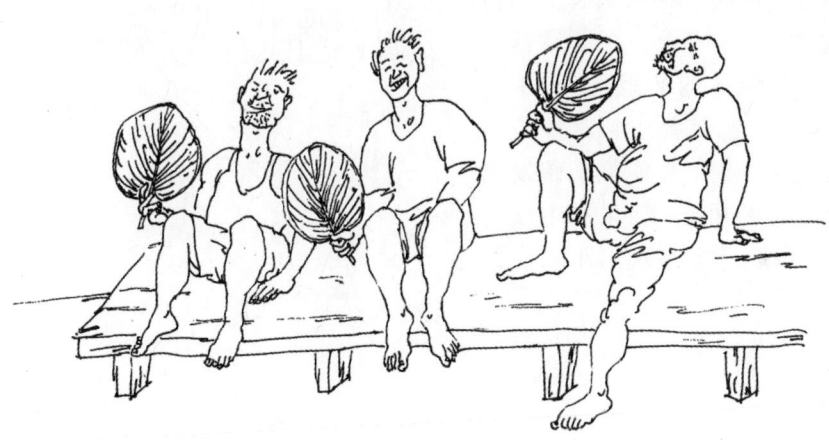

神奇的铜碗 magical copper bowl

文化溯源

藏传神奇铜碗是由青铜合金制成的，含有铜、锡、锌、铁、金、银和镍，从公元5世纪起流传至今。铜碗又称修行钵、佛音碗或转经碗，它由一个紫铜钵及一个手工桃木的柄组成。用木槌（有时外面包有兽皮）摩擦或碰击碗的边缘时，会使整个碗发出各种各样的乐音。如果碗中盛有液体，水面还会呈现出小水滴组成的花纹。

铜碗发出乐音是液体与固体材料相互影响的结果，这种现象常被应用在建筑学上，如桥梁或楼宇的风压荷重等。当摩擦盛满水的碗时，碗受到压力而产生十分细微的形变，这会使水和铜碗的界面受到影响，产生波纹。当摩擦力足够大时，波纹便会分开成一个个的小水滴。摩擦高脚玻璃杯时，也有相似的现象发生。当然，铜碗比玻璃杯容易发出乐音，是因为它的共振频率比玻璃小得多。

省油灯 oil-saving lamp

【文化溯源】

油灯是一种我国古代人们不可缺少的生活用品，也是文人吟咏最多的物件。平常我们形容某人"不大好惹"或"不可小视"时，常会说"那人可不是一盏省油的灯"！其实，古代真的有"省油灯"，它是由陶瓷制成的。省油灯，可以说是"节能减排"的最早范例。关于省油灯省油，古人早有论述，南宋诗人陆游曾在《斋居记事》中讲道："书灯勿用铜盏，唯瓷盏最省油。蜀有夹瓷盏，注水于盏唇窍中，可省油之半。"夹瓷盏，指的就是省油灯。它的烧造时间在隋唐五代时期，距今已有1000多年的历史。

【物理趣笑】

省油灯的盛器口边沿有一个小孔，通过它可以向盏内注水。灯在燃烧时释放大量的热，由于热传导作用，很容易通过器壁传递到上部盏内的水中；盏内底部的水因受热而温度升高，因密度减小而上升；盏面的冷水因密度较大而下沉，补充因密度减小而上升的水的空间。这样循环进行，可以降低油的温度，使油的挥发减少，达到节油的目的。

石磨 antique millstone

文化溯源

石磨是一种我国古代用以磨碎谷物之类的粮食的工具之一，现在在一些农村家庭仍然普遍存在。石磨是由鲁班发明的，最初叫硙（wéi），直到汉代才叫作石磨。石磨由整块圆石做成，上方的一块凿有通透孔，侧面安装供推动的把手。两扇磨之间有磨脐子（铁轴），接合处有纹理，粮食从上方的孔进入两层中间，在石磨转动时被磨碎，形成粉末。

关于石磨有很多有趣的歇后语：驴子赶到磨道里——不转也得转；老驴啃石磨——嘴硬；黄鼠狼进磨房——硬充大尾巴驴；老驴拉磨——走不远；驴拉磨，牛耕田——各干各的活，各走各的路。

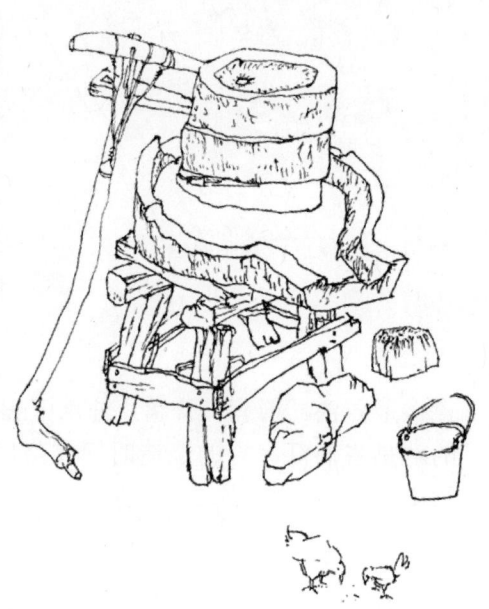

石磨在工作时运用了很多的物理原理。其一,手推石磨时,借助连杆传动实现了平动和传动之间的转化。人一推一拉使磨拐一前一后地运动,这是平动;石磨在工作时是绕固定轴转动的,平动又变成了转动。其二,手推石磨其实是一种省力机械,凝聚着古代劳动人民的科学智慧。由于磨柄和磨拐较长,相当于力臂较长,因此人们推磨时不费力。其三,手推着石磨转动取决于力矩 $M=FL$ 的大小,而不在于力 F 的大小。其四,从能量的角度考虑,石磨在工作的过程中,伴有多种能量的转换,人的体能转化为石磨的机械能、热能、声能,遵循能量守恒定律。

石碾子 stone roller

文化溯源

　　石碾子是一种用石头和木材等制作的使谷物等破碎或去皮的工具，一般由碾滚、碾槽、碾子芯，以及木制的碾子架等组成。其与石磨类似，一般逆时针推动，可用于碾米、碾谷、碾地瓜干等。碾子相传发明于宋，经劳动人民不断摸索改进后，最终形成了我们今天所见到的形制。

　　石碾子在陕北随处可见。当地人传说石碾子为青龙所变，遇到红白喜事经过石碾子时，主人总要用一块红布将它盖上，唯恐冲了青龙。每逢过春节，主人都要在石碾子上贴上"青龙大吉"四个大字以避邪消灾。传说不可信，但足见石碾子已经深深地融入了人们的生活之中。

物理趣味

　　碾盘和碾滚子上均凿刻有规则的纹理，其目的是增加摩擦力。碾滚子由很大的石块做成，质量大，因而增大了压力；其又是圆柱形的，因此滚动摩擦比滑动摩擦小。另外，推碾子也利用了杠杆原理。

水转筒车 *waterwheel*

> **文化溯源**

水转筒车又称孔明车,相传是由三国时的诸葛亮(字孔明)发明的。筒车是先人们在征服世界的过程中表现出来的科学智慧,是珍贵的历史文化遗产。

有关筒车的最早记载是约9世纪时陈廷章的《水轮赋》。虽然这是一部文学作品,但其对筒车的基本构造、推动力量、运作特点、所需条件以及用途功效等,都描述得相当具体生动。《水轮赋》载:"水能利物,轮乃曲成。升降满农夫之用,低佪随匠氏之程。始崩腾以电散,俄宛转以风生。虽破浪于川湄,善行无迹;既斡流于波面,终夜有声。"

水转筒车有一个大转轮,在转轮上装一些竹筒,筒口朝着水流的下游方向。筒起到了叶轮的作用,承受水的冲力,使筒车旋转起来。当转过一定的角度时,原先浸在水里的竹筒(已灌满了水)将离开水面被提升。此时,由于竹筒的筒口比筒底的位置高,竹筒里会存一些水。当竹筒到达筒车顶部时,筒口的位置变得比筒底低,竹筒里的水就会倒进取水的水槽里。

炭窑 charcoal kiln

文化溯源

炭窑是民间用来烧炭的一种设施，类似于砖窑。一般认为炭窑在明清时期才出现。窑的形式、构造、种类有很多，有就地挖掘、以泥土为材料筑造的，也有用砖、水泥砌成的；有单窑，也有连窑。在两千多年前，中国的先民们就已经知道炭的防腐作用了，并且用炭材料创造了许多世界奇迹。

关于炭有一个传说。从前有户烧炭的人家，每次卖炭回来剩下的炭屑、炭末都舍不得丢掉，都要带回家堆放在自己的后院里。时间一长，他的后院堆得满满的。有一年，这户人家为了解决喝水问题，就叫人在后院炭堆旁挖了一口水井。许多年过去了，村子里突然暴发了一场瘟疫，许多人都被瘟疫夺去了生命，但这户人家却一点事也没有。原来，正是那口井救了他们。他们挖的井四周都是炭，炭对水进行过滤，起到了杀菌、净化的作用，抑制了细菌的侵入。

现在，农村打井时，都要在水井的四周填上好几层炭，以便对渗入的水进行过滤、净化。

  窑址选择很关键，一般选择水资源丰富、运输方便、坡度较小的空敞地作窑址，选址的土壤最好是黏土。木炭的烧制过程大致是：把杂木截成段，在炭窑中点燃，烧到一定程度后封闭炭窑不使空气进入；余火继续加热木材，干馏，水分和木焦油被馏出，木材碳化成为木炭。这和过去家庭烧柴火的时候闷木炭的原理是相似的。

  炭窑分为燃烧室和碳化室，两室相通。将木材装入碳化室后，在燃烧室点火，火力不要太猛。火逐渐烧入碳化室，待烟孔覆盖的松土发白时，把松土挖去，使白烟从烟孔冒出。当烟色转青时，将烟孔盖上，打开烟道口，使烟气从烟道口冒出，然后将所有的孔口堵塞，进行闷窑。正常的闷窑时间为 7~10 天。待冷却后，从窑的侧面进行出炭。炭窑修好后可以重复使用，只是烧炭时间要短些。

梯子 ladder

文化溯源

在物种进化的过程中，人类逐渐走上了与其他动物不同的进化道路。为了能在恶劣的自然环境下生存，或逃避凶猛动物的进攻，或延长肢体采摘果实，早期人类学会了制作和利用工具登高，由此发明了梯子。按照有关学者的看法，梯子或楼梯的产生是受到爬树干和天然斜坡两方面的启发，受树干启发发明了梯子，受斜坡启发发明了台阶。

梯子从正面看是梯形，从侧面看与其搭靠的一面构成三角形。根据力学原理，三角形最具有稳定性。人站在梯子上，利用了静力学平衡原理。梯子和人受到重力，梯子和地面的接触点会产生压力和摩擦力，在多种力的综合作用下，人和梯子达到平衡。

使用梯子时要注意安全：放梯子的区域不可潮湿，因为潮湿的地方产生的摩擦力小，容易打滑；要防止梯子材质老化，发生断裂；要防止金属类梯子触电。

土炉灶烟囱 stove chimney

文化溯源

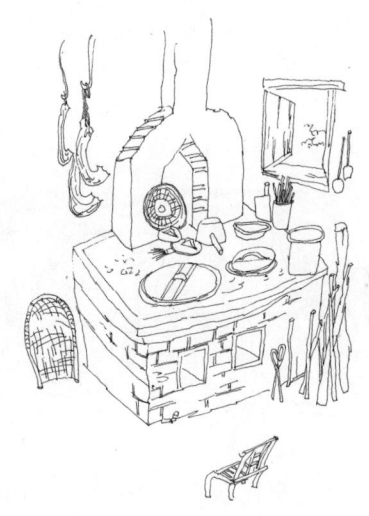

过去，农村里每家都有一个灶头，与灶头连接的烟囱伸到屋顶外面。烟道砌得不好、烟囱支得不对，就会往屋里倒烟。烧灶头就更有讲究了，否则会弄得满屋子的烟。农村一些不太会烧灶头的小娃儿，经常两只眼睛被烟熏得通红，眼泪直唰唰地流。

《汉书·霍光传》记载了这样一个关于烟囱的故事：有一个客人看到主人家的炉灶烟囱是直的，旁边还堆积着柴草，便对主人说："把烟囱改成弯的，使柴草远离烟囱，不然的话会发生火灾。"主人沉默不答。不久，主人家里果然失火，邻居纷纷相助，及时把火扑灭了。主人摆酒席答谢邻居，却未邀请事前提出建议的人。有人问主人："您当初如果听了那位客人的话，现在就不用破费设酒席了。我们灭火固然重要，但事前提建议的人也同样重要，为什么现在摆酒席却没有邀请事前提出建议的人呢？"主人马上醒悟过来，赶紧去请那位客人。

物理趣味

烟囱利用的物理原理是伯努利方程，即在流体的流动中，压强与流速有关，流速大的地方压强小，流速小的地方压强大。风吹过烟囱顶端时，顶端空气流速增大、压强减小，烟囱内外形成压强差，也就产生了压力差，所以烟就顺着烟囱排到屋外了。

土窑洞 traditional cave dwelling

文化溯源

窑洞在建筑学上属于生土建筑，其简单易修、省材省料、坚固耐用、冬暖夏凉，是人与自然和睦相处、共生的典型反映。窑洞一般有靠崖式窑洞、下沉式窑洞、独立式窑洞等形式。其中靠山窑比较多，它建筑在山坡、土塬边缘处，常依山向上呈数级台阶式分布，下层窑顶为上层前庭，视野开阔。下沉式窑洞则就地挖一个方形地坑，再在内壁挖窑洞，形成一个地下四合院。

窑洞的发展可追溯到远古农耕时期。当时人们苦于野兽袭击而住进洞穴，开始了定居生活，农业也因此得到大力发展。随着人类文明的进步，人们逐渐自己建造窑洞，窑洞也就成了农耕家园。

窑洞一般修建在土质比较坚硬的地方，因为厚而坚硬的"墙壁"很不容易传热。窑洞的顶和壁既很难直接从大气中吸热，也很难直接向大气中散热。因此，窑洞里的气温变化慢，而且温差变化不大。

雨伞 umbrella

文化溯源

伞在最初发明时的主要目的是用来阻挡阳光,但是现在常被当作雨天挡雨的工具。在中国,伞从发明之日到现在至少有3 500多年的历史,当时被人们称为"簦"。

据《玉屑》记载,伞是由鲁班的妻子发明的,伞被称作"能移动的房屋"。第一把雨伞就是她送给丈夫出门给人家盖房屋时用的。传说鲁班在乡间为百姓做活,媳妇云氏每天往返送饭,遇上雨天常常挨淋。鲁班便在沿途建造了一些亭子供避雨。亭子虽好,但不便多设。云氏突发奇想,要是随身有个小亭子就好了。于是她依照亭子的样子,裁了一块布,安上活动骨架,装上把儿,世界上第一把伞就这样问世了。

在社会发展的过程中,伞不只具有工具意义,还演绎出了众多的伞文化。其中,在中国古老的神话故事中,流传得深入人心

的、以伞为媒的爱情故事《白蛇传》曾感动了一代又一代人。西湖之畔，许仙那把书生味十足的油纸伞获得了白娘子的真情倾慕，由此演绎了一段柔肠寸断传千古的爱情故事。

> 雨伞防水的原理是利用水的表面张力。表面张力是一种物理效应，它使得液体的表面总是试图获得最小的、光滑的面积。伞布的细小孔隙被水充满，并且借助水的表面张力形成一个整体，从而达到防水的目的。
>
> 另外，伞骨架利用了连杆机构原理。利用铰节、滑动链接将几根杆状物用一定的方式联结，使它们在设定的范围内按设定的轨迹运动。按规定要求设定各杆的长短、铰接的位置、滑套滑动的距离，使伞能自由开合。

针 needle

文化溯源

我们的祖先很早就学会了用鱼骨针、石针来缝制兽皮与树叶做简单的衣服。随着铁器和金属制造技术的发展,人们逐渐学会了使用金属针。

关于针,有一个大家比较熟悉的励志故事:李白小时候很聪明,但贪玩、不好学。一天,他趁大人没注意,便溜出去玩。他四处闲逛,在一条小溪边看见一位白发苍苍的老婆婆正在吃力地磨着铁杵。李白觉得很奇怪,施礼后问道:"婆婆您在干什么?"老婆婆说:"我要把铁杵磨成绣花针。"李白吃了一惊,问:"这个铁杵几年才能磨好?"老婆婆说:"只要功夫深,铁杵就能磨成绣花针。"李白听了后很受启发,从此刻苦学习,成了一位大诗人。

物理趣味

针尖面积极小,可以产生很大的压强,很容易破坏其与物体的接触面。压强的公式为 $P=F/S$,由此可知增大压强有两个方法:一是加大力度,另一个就是减少接触面。稍用力针就能刺入物体就是采用了第二个方法。有时候将针在头上磨几下、"涂"些皮质油,是为了减小缝制东西时的摩擦力。另外,针也用到了尖劈的原理。

竹席 bamboo mat

文化溯源

　　竹席近年来逐步取代了草席成为流行的卧具。竹席一般以水竹、毛竹、油竹等竹子为原料，将竹皮劈成篾丝，经蒸煮、浸泡等工艺后用手工编织而成。

　　关于竹席的发明，有一个民间传说：相传很早以前，有一个叫姚焕奎的人，他上山砍柴忘记了带绳子。正在发愁时，他看到对面山上有一片竹林，于是他砍了一根竹子，将其破成若干细篾丝，扭成绳用以捆柴。他发现细篾丝柔软而坚韧，于是经常用竹绳捆柴或别的东西。后来，当地人知道了竹子的这种用途，也去砍竹破篾，将其当扭绳使用。随着手工技艺的发展，人们又用它来编织竹席等。

竹席比草席凉快,是因为竹席的散热能力比草席强。草席里面有像海绵一样的东西,它和棉花一样可以起到保温的作用,而且草席在人体体重的压力下很容易变得扁平,空气很难自由流动,散热能力自然大大降低。竹丝或竹条中没有像草那样可以保温的海绵类似物,而且竹不会被压扁,竹片与竹片之间有很宽的空隙,空气可以在其间流动,及时把热量散出去,所以竹席要凉快得多。

另外,竹席一般要经过碳化加工:将竹丝或竹包放进200～300 °C的高压碳化锅炉中进行蒸汽碳化处理。经过高温高压后,其表面会形成坚硬的、碳化的微粒层。在经过碳化后的竹席表面,细菌几乎没有生存环境,因此竹席还具有抗菌作用。

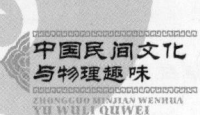

钻子 antique drill

文化溯源

钻子是我国民间木匠手中常用的一件钻孔工具。当然，它不只用于钻木头，民间的很多工匠都会用到它，如修理锅、碗、盆等器物。钻的历史久远，河南省贾湖出土的骨笛，据碳14测定，距今已有9 000～10 000年的历史，其笛孔就是钻出来的，最小的孔径只有3毫米。鲁班的《事物绀珠》、《物原》、《古史考》等不少古籍中都有关于钻的记载。

物理趣笑

钻子包括钻头、钻身、手拉柄、连绳四大部分。钻身通体呈圆柱状，笔直修长，可以减少转动时的阻力。钻子总长约70厘米，其中转动手握柄长约10厘米。根据转轴原理（杠杆的一种），手拉柄带动拉杆转动，手握柄可以控制力度与方向。钻头三角铁长约3厘米，由两片扁平的铁条构成，固定在钻身上，在钻头处套上固定的铁环以固定钻头。钻头是一根直径约0.5厘米的铁针，呈扁平状，细长但很坚硬。钻杆长约33厘米，钻身有一个孔，用来穿引其中的一根连线；手拉柄两端各有一个孔，用来穿引另外一根连绳，以固定手拉柄并缠绕钻身，带动钻子工作。

第二章 民间玩具

中国民间玩具源远流长。民间玩具俗称"杂耍",专供玩耍娱乐之用,其以娱乐的方式向社会渗透和传播民俗文化。许多民间玩具诞生于民俗事象之中,与民间习俗、日常生活密不可分。民间玩具在人们的物质生活和精神生活方面具有极强的互补性,给人以精神上的愉悦、心灵上的慰藉和思想上的充实感。民间玩具还可以营造一种团结和谐的人际环境,拉近人与人之间的距离。

冰透镜 ice lens

文化溯源

用冰制造透镜，我国的古文献中早有记载。一千六百多年前，我国西汉《淮南万毕术》载："削冰命圆，举以向日，以艾承其影，则得火。"这里的冰就是指冰透镜，艾就是指引火物——艾绒。晋代学者张

华在《博物志》中也有类似的记载。在隆冬季节，用冰制作一个冰透镜，就可以研究凸透镜的光学性质了。盛水的球形玻璃瓶和冰透镜一样能够取火。在向阳的窗台上放一个盛水的透明花瓶，它的球形部分所集中的阳光可能灼坏窗帘或家具。郊游的时候，有人把空瓶抛在森林里，圆形的酒瓶充满雨水后，同样能会聚阳光，使周围的东西燃烧起来，一些森林火灾就是这样引起的。

凸透镜是根据光的折射原理制成的。凸透镜中央较厚、边缘较薄，有会聚光线的功能，故又称聚光透镜。李双江于 2006 年在哈尔滨松花江北侧的太阳岛上手持取火棒，对准用松花江冰块制成的冰透镜的焦点，成功采集了第四届全国特殊奥林匹克运动会的圣火。

拨浪鼓 rattle-drum

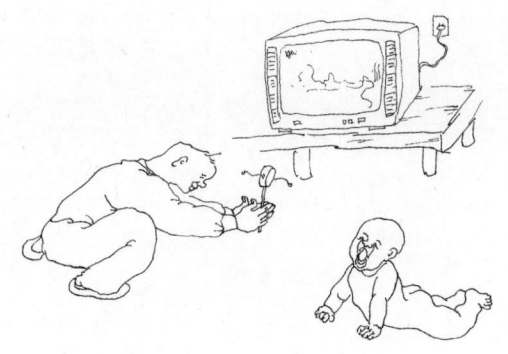

文化溯源

拨浪鼓是我国最传统、最古老的玩具之一。拨浪鼓是一面小鼓,靠系于两侧的小球击鼓发声。各个地区的拨浪鼓形状不一,有长如腰鼓的,也有扁似大鼓的,还有四鼓叠加的,发声时高高低低,响亮悦耳。最早的拨浪鼓被称作"鼗"(táo)。战国时期产生的鼗是一种打击乐器,依靠摇动时双耳自击发声,以振奋士气,发送命令。发展至宋代,拨浪鼓主要在三个领域应用:一是礼乐之用,二是商业之用,三是儿童玩具。拨浪鼓之所以得以广泛流传,主要是因为它的音响效果与娱乐效果。2008年北京举办奥运会时,拨浪鼓被选为具有北京文化特色的礼品。拨浪鼓现在主要作为小宝宝们的玩具,用以训练宝宝们的动手能力和培养他们的自信心。

物理趣味

手旋转拨浪鼓时,两侧的木球做圆周运动;当停止转动鼓柄时,小鼓主体也处于静止,但两侧的木球由于惯性继续转动,从而敲打鼓面,使鼓面振动发声。

不倒翁 *tumbler*

文化溯源

不倒翁是一种形状像人、一经触动就摇摆并立即恢复直立状态的玩具。考古人员在西安半坡村遗址中曾发掘出一种提水壶，其设计就和不倒翁一样。这种水壶装水时，会往一边倾斜，装满水后则会自动立起来，使用非常方便。现在最常见的"不倒翁"是纸身、泥底的，即用纸浆灌模或用废纸糊成形，再用泥土制成半圆形的底座，将二者粘好之后，再在外表糊上净纸，施以彩绘。也有的用木头做底，底部中心用铁块和小石子固定；还有的将小葫芦挖净内瓢，内部灌铅做成不倒翁；现在多用鸡蛋壳、乒乓球做成小不倒翁。

"不倒翁"一般用来比喻某些善于应付环境而能长期保持权位的人。例如，我国五代时期一个名叫冯道的人，先后经历五朝，侍奉十一君，无论是谁家的天下他都朝朝为公卿，而且三次拜相，居相位长达二十余年。他为官时间之长，前无古人、后无来者，堪称中国历史上最牛的官场"不倒翁"。

 物理趣味

根据稳定平衡原理，物体无论以什么方式偏离平衡位置，都有一个力或力矩使之回到平衡位置，这样的平衡叫稳定平衡。处于稳定平衡的物体一般处于势能极低点。势能低的物体比较稳定，当不倒翁在竖直状态处于平衡时，重心和接触点的距离最小，即重心最低。当不倒翁倾斜时，由于集中了大部分重心的底座被抬高，偏离平衡位置后，重心升高，势能增加，力或力矩将其拉回到平衡位置，所以不倒翁会迅速恢复到原来的状态。

弹弓 slingshot

文化溯源

弹弓是中国民间传统玩具。《吴越春秋》卷九《弹歌》曰："断竹，续竹，飞土，逐宍（古'肉'字）。"诗歌以二字短句、简单的节奏，写出了砍伐竹子、制造弹弓、射出弹丸、射中鸟兽的生动狩猎过程。由此可见，我国古代很早的时候就出现了弹弓。在古代传说中，泰山诸神爱好狩猎，其狩猎时必用弹弓。《西游记》《封神传》中的二郎神即泰山诸神之一，其常携猎犬，挟弹弓，终日驰猎。

物理趣味

弹弓用到了胡克定律，公式为 $F=kx$。弹性形变越大，弹力越大，弹性势能也越大。拉弓时，弹性势能被储存在被拉伸的皮筋中；松开皮兜时，拉伸的皮筋开始收缩并释放能量，将储存的能量通过皮兜传导到弹丸上，将弹丸射出。要打中更远距离的目标，可以在不改变方向的情况下，两手同时向前后相反的方向协调发力，在皮筋拉到极限的瞬间击发出去，给弹丸以更大的能量，使弹丸飞得更远，杀伤力更大。

叫蝉

the toys like cicada noise

文化溯源

叫蝉是一种用竹木制作的民间玩具，由鸣蝉（发音体）、细线和甩棒构成。转动甩棒，使细线带动鸣蝉做圆周运动，此时将会听到音调起伏变化的鸣叫声（类似蝉鸣）。叫蝉沿顺时针、逆时针，低速和高速旋转时会发出不同的蝉鸣声。其制作方法：取一小竹筒，用烧红的细铁钉在竹筒的底部戳一小孔，用一细线穿孔系牢。再取一根筷子，在其粗端用刀刻一凹槽，在槽中熔入少许松香，细线的另一端套在凹槽中。用胶粘一对透明薄绢作为翅膀，稍加修饰，便制成一叫蝉。转动筷子，使叫蝉绕筷子旋转，此时叫蝉就能发出高低起伏的鸣叫声。

古往今来，那蝉"知了，知了"的鸣唱，曾给情感丰富而细腻的诗人们许多创作灵感。虞世南的《蝉》，是唐人咏蝉诗中较早的一首："垂绥饮清露，流响出疏桐。居高声自远，非是藉秋风。"诗中"流响"表示蝉声长鸣不已，悦耳动听，着一"出"字，把蝉声传送的意态形象化了，仿佛使人感受到蝉声的响度与力度。后两句蕴含一个道理：品格高洁的人，不需要某种外在的凭借，靠自身的修养便能声名远扬。

物理趣味

声音是因物体的振动而产生的。甩棒时叫蝉做圆周运动，细线被拉紧，细线的一端在棒上的凹槽中转动。由于有松香细末的参与，细线与棒的摩擦力加大，从而通过细线使竹筒底膜发生振动；膜的振动又使竹制空腔的空气产生共鸣，从而发出像蝉鸣一样的声音。

转动的"叫蝉"靠近观察者时，音调变高；远离观察者时，音调变低。这种现象叫作多普勒效应。

空竹 *diabolo*

文化溯源

　　空竹是我国传统的民间玩具,它以竹木为材料制成,中空,因而得名。清代时曾将其与空钟一起俗称为"响葫芦";江南一带又称之为"扯铃",也有人称之为"天皇皇"。

空竹的发明人是谁,确切史料已无从考证。尽管现存史料关于空竹的资料不是很多,但是从一些记载中可知空竹从古至今一直为中国人所青睐。宋朝的宋江写过一首七言诗:"一声低来一声高,嘹亮声音透碧霄。空有许多雄气力,无人提擎漫徒劳。"他在诗中借抖空竹的情节来抒发不得志的情结。光绪十二年(1886年),李若虹所编《朝市丛载》中收有《厂甸正月竹枝词》12首,其中一首描写了抖空竹的情况:"狗熊傀儡互喧闹,汗粉淋漓跑旱船。抖起空竹入云表,千人仰面站沟沿。"

　　空竹转动时,大气对空竹内腔中的空气进行激扰,空竹气腔内的空气就会按一定的频率振动发声。由于大气腔中的气柱较长,气柱受到外界大气的激扰力小,振动频率低,所以发出的声音音调就偏低;而那些小气腔中的气柱比较短,气柱受到外界大气的激扰力大,振动频率就高,发出的声音音调就高。并且,空竹的转速越高,大气对空竹气腔内的气柱激扰力越大,其发出的声音也就越大。

　　抖空竹的技艺中蕴含着丰富的力学原理,尤其是单轮空竹的运作原理与回转仪的原理如出一辙,分析空竹的运动规律要借助刚体绕定点运动理论。

尿尿童子 *boy-watering*

文化溯源

尿尿童子是个神奇的民间玩具。这种玩具是陶制的，先用热水浇这种陶制小人，然后将其浸泡在冷水里；等它身体里蓄满了水后，再注入热水，它就开始"撒尿"了。

有关童子尿治病的说法曾在民间流传，并且20世纪50年代在我国的医学杂志上还有不少相关的报道，如尿泡蛋防治麻疹等。在有些人的想象中，儿童朝气蓬勃，童贞身体里一定存在什么"元气"，这种"元气"一定有滋补的作用。其实，这是谣传和迷信，没有任何的科学依据。

尿尿童子的原理是，用热水淋尿尿童子，其内部气体受热后压力变大，体积膨胀；浸入冷水中温度降低，气体压力变小，大气压力将冷水压入；第二次再淋热水后，膨胀的气体将冷水赶出，形成喷水状。

玩这个玩具要按热水、冷水、热水的顺序交替浇淋，这是因为气体的膨胀系数大于液体（气体>液体>固体）。类似的现象如泡面或泡热茶时，我们的碗或茶杯会突然滑动，也是因为碗或杯子下方小空腔内的气体被加热后膨胀了。

万花筒 kaleidoscope

文化溯源

万花筒是一种光学玩具，在19世纪被引入我国。由于当时制作材料和工艺的限制，万花筒专供清王朝达官贵人把玩。随着封建王朝闭关锁国政策被打破，以及中国民族工业的发展，万花筒的造价也渐渐变得低廉，"旧时王谢堂前燕"，也"飞入寻常百姓家"。

广告组合创意与万花筒如出一辙，如香港一则红花油的电视广告，其组合创意就是通过不同肤色、性别、年龄的人的头像在一个红花油瓶子上不断切换，用图解说明这种产品适合各个人群。

物理趣笑

万花筒内有一定数量的彩色玻璃片，同一万花筒中这些碎片的数量和质量是不变的，但只要转动万花筒，碎片就会发生新的组合，形成新图案和新花样。万花筒的图案是靠玻璃镜子反射形成的，其内有一个由三面玻璃镜子组成的三棱镜，一端放有各色玻璃碎片，这些碎片经过三面玻璃镜子的反射，就会出现对称的图案，看上去就像一朵朵盛开的花。

饮水鸟

the toys of omcient drinking bird

文化溯源

这种民间玩具外形像一只鸟，主体由玻璃制成。它的身体是一根玻璃管，管的上端是一个小球，是鸟头；管的下端是一个大球，是鸟尾。大球内装有液体，管的下端浸在液体中。整个鸟身是密闭的，架在一个类似鸟腿的底座上。它的头部粘有尖尖的嘴，尾部粘有羽毛。为了让人看不清鸟身体里的秘密，它的身体常被涂成黑色。

这只鸟很神奇，在鸟的面前放上一杯水，鸟就会俯下身去，把嘴浸到水里"喝"一口后又直立起来；然后又会俯下身去"喝"一口后直立起来……它不停地"喝"水，就像一台"永动机"。

"饮水鸟"体内装有易挥发的液体乙醚,在不动的情况下,鸟尾下半部分是液体乙醚,上半部分是气体。当鸟头部的棉布层遇到冷水时,水在蒸发的过程中吸热,使球内的乙醚饱和气在降温的同时降压,导致下面球中的乙醚沿玻璃管往上移动,尾部的液体因为吸力沿颈部上升。这样一来,鸟头部的重量增加,尾部的重量减轻,重心位置发生变化,于是就出现俯仰现象。当重心超过脚架支点而向头部移动时,鸟就会低头。当嘴部接触到水面时,水顺着嘴的毛细组织又上升到头部,鸟头会变湿。此时,部分液体乙醚保存在中间玻璃管中,与下面的液体分离开来,但其位置仍是倾斜状的,液体又会流下来,使鸟的身体直立起来。如此循环往复,直到盆中的水被鸟"喝干",头部不再变湿时,鸟就不再低头"喝水"了。

悠悠球 yo-yo

文化溯源

悠悠球正式被引入我国是在 20 世纪 80 年代。后来台湾企业家郭恒均将其推广到上海,很快上海就掀起了玩悠悠球热。台湾把"yo-yo"读作"溜溜",所以郭恒均被人们称为"溜溜球郭大王"。

悠悠球是世界上花式最多、技术最难、最具观赏性的手上技巧运动之一。悠悠球的玩法多种多样,极具观赏性,被称为"手指上的舞蹈"。专业的悠悠球表演大都配有背景音乐,玩家们能配合音乐的节奏玩各种高难度动作,令观众百看不厌。练习悠悠球不但可以锻炼毅力和手眼协调能力,还能培养探索、创新精神。

溜溜球虽然制作工艺非常简单，但"魔力"极大，玩法有几百种，学会容易学好难。初学者可先掌握一般的基本功，再学"蚂蚁上树"、"带狗散步"、"鲤鱼翻身"、"蜻蜓点水"、"五角星"等高难度动作。

悠悠球被抛出后受到重力和绳子的拉力作用，在最低点时停住。由于球体高速旋转，球轴与绕线之间产生摩擦力，顺势一抬手就可以把它拉上来，而且线被卷起来固定在轴上。只要摩擦系数足够大，高速旋转的球可以卷起更多的线，最后使球回到手中。这其中蕴含的是能量守恒定律，不考虑其他能量损失的情况下，动能和势能发生了相互转化。

鱼洗 fish-basin

文化溯源

鱼洗是我国古代盥洗用具，形似现在的脸盆，盆底有鱼纹装饰，故称"鱼洗"。根据经书记载，在鱼洗中倒入半盆水，双手用力反复摩擦盆的双耳，盆里的水会分成四股水箭向上激射达两尺多高，并发出震卦爻时的古音。传说此物曾于古代作为退兵之器，众多鱼洗因共振波发出轰鸣声，宛如千军万马之势，声传数十里，敌兵闻声却步。

鱼洗反映了我国古代高超的制器科学技术，也反映了我国古代劳动人民的聪明才智。现在仿古制作的震盆，盆内刻有龙形，故亦称龙洗。

鱼洗是我国古代的传世珍宝。鱼洗奇妙的地方在于，用手缓慢而有节奏地摩擦盆边两耳，盆会像受到撞击一样振动起来，盆内水波荡漾。摩擦得法，可喷出水柱。当两手搓盆的双耳时，会产生两个振源，振波在水中传播，互相干涉，使能量叠加起来，获得能量较大的水点会跳出水面。这是符合物理学共振原理的。

纸弹竹枪

bamboo pumping paper gun

文化溯源

纸弹竹枪是很多农村少年儿童都玩过的一种玩具。它的构造非常简单，只要一截细竹筒和活塞棒就可以了。将纸用牙咬得硬实些，即可制成弹丸和纸活塞。先用活塞将纸弹推到前边，接着把纸活塞填充到筒口里，然后尽快地推动活塞棒，弹丸就憋足劲儿从枪口"砰"地飞出去。与此同时，活塞到达弹丸所在的位置，成为下一个弹丸。

尤其是在物质匮乏的年代，小小的纸弹竹枪给农村少年儿童带来了无尽的欢乐。孩子们在那"砰砰嘣嘣"声中，自编自导一场又一场的"战斗"和近距离"厮杀"，使自己的童年充满了英雄色彩。

推至竹筒前端的纸弹丸不动，用棒推压活塞（另一个纸弹丸），则封闭在弹丸与活塞之间气室里的空气压力变大。当气室的压力超过弹丸受到的最大静摩擦力时，弹丸就从枪口飞出。在推动弹丸的过程中，弹丸与竹筒之间的摩擦力就是动摩擦力，动摩擦力比最大静摩擦力要小。这样，弹丸的静摩擦力起了两种作用：在气室的压力增加到足够大以前，起着"挂住扳机"的作用；当弹丸一滑动，最大静摩擦力转变成较小的动摩擦力时，则起着"扣扳机"的作用。

竹蜻蜓 *bamboo-copter*

文化溯源

竹蜻蜓是我国古代发明的简单而神奇的玩具，西方传教士对其惊叹不已，称之为"中国螺旋"。20世纪30年代，德国人根据"中国螺旋"的形状和原理发明了直升机的螺旋桨。

竹蜻蜓由两部分组成：一是竹柄，将一根竹片削成长20厘米、直径4~5毫米的竹竿（柄）。二是"翅膀"，在一片长18~20厘米、宽2厘米、厚0.3厘米的竹片中间打一个直径4~5毫米的小圆孔，用于安装竹柄；然后在小孔两边将竹片对称各削一个斜面做成翅膀，将竹柄插入小孔中。玩时，用双手掌夹住竹柄，快速一搓，双手一松，竹蜻蜓就飞向了天空。

> 竹蜻蜓之所以能腾空而起，是因为竹蜻蜓翅膀特殊的形状使得其上方空气流速大、压强小，而下方空气流速小、压强大。上下的压力差产生使竹蜻蜓腾空而起的升力，且升力大于重力。
>
> 竹蜻蜓的叶片和水平旋转面之间有一个倾角（这个倾斜角是可以调整的），当旋翼旋转时，旋转的叶片将空气向下推，形成一股强风，而空气也给竹蜻蜓一股向上的反作用升力。这股升力随着叶片倾斜角的变化而改变，倾角大，升力就大；倾角小，升力就小。

竹水枪 *bamboo water gun*

文化溯源

过去的农村小朋友没有现成的玩具可玩,几乎所有的玩具都是自己动手或让父母制作的。竹水枪就是其中之一,它不具有"危险性",孩子们经常你追我赶喷得彼此湿淋淋的。竹水枪给不少农村孩子的暑假带来过快乐。在农村,水枪的水取自农村的河道沟渠,但有的孩子为了快速补充"弹药",也会偷偷直接从家里的水缸里取水。

水枪的制作很简单,只需一段单结竹筒(结底穿孔当出水孔)和一根略长于竹筒的细长竹棒当作"推进器"(棒头绑一小块棉布,以能完全填充竹筒为宜)。现在,在旅游区都有用塑料和金属材料制作的水枪出售。

竹水枪充分利用了大气压力。拉活塞时,竹筒内大气压减少,空中强大的气压把水压到竹筒内。推活塞时,竹筒内大气压增大,竹筒内强大的气压将水喷出竹筒。

第三章 民间乐器

中国民间乐器历史悠久，灿如繁星。从古至今，无论是在民间婚丧喜庆、民俗节日等活动中，还是在历代宫廷礼仪及宗教活动中，都有大量的民间乐器演奏活动。乐器是有性格的，乐器的性格取决于人，也会影响人的性格。

变音钟 tone-changed clock

文化溯源

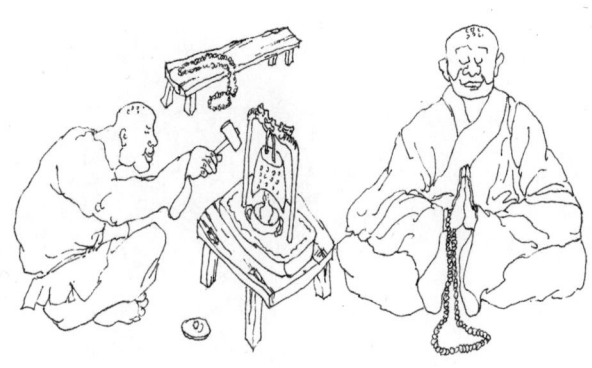

变音钟又称变音编钟，是中国古代著名的一种乐器。变音钟取古代编钟之形，用铜合金铸成。常温下敲击变音钟，或声似木鱼的沉闷声，或像敲击沙锅发出的沙哑声。加热后敲击，则声似铜铃。因寓意"心诚则灵"，故得名"诚则灵变音钟"。

一般的音乐编钟用响铜铸成，响铜主要是铜锡合金。变音钟用的是铜锰合金，锰元素的加入使铜锰合金具有特殊的磁性质。铜锰合金会在冷凝时局部形成反铁磁质材料。铜锰合金在反铁磁状态下杨氏模量小，因而固有频率小；而材料内耗大，阻尼因子大，两者均导致振动频率降低；在顺磁状态下杨氏模量大，固有频率高，阻尼因子小，因而振动频率高，其声学效果与反铁磁质完全不同。变音钟的铜锰合金材料在加热前后分别处于奈尔点之下和之上，在常温下主要处于反铁磁质状态，因而钟声低沉；加热后由反铁磁质转变为顺磁质，铜锰合金的性质恢复为一般金属性质，重又发出清脆的金属钟声。这就是变音钟的变音物理原理。

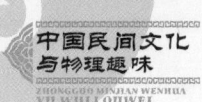

二胡 erhu

文化溯源

二胡大约产生于唐代，当时称作"奚琴"，距今已有一千多年的历史。宋代学者陈旸在他所写的《乐书》中说："奚琴本胡乐也……""奚琴"本是我国古代北部地区一个少数民族的拉弦乐器，后来流行于长江中下游一带，所以又称为南胡。

二胡的构造简单，主要用于表现中高音域，音色接近人声，情感表现力极高。我国民间著名二胡盲艺人阿炳（原名华彦钧）创作的代表作《二泉映月》广为人知。该乐曲流露出了一位饱尝人间辛酸和痛苦的盲艺人的思想情感，通过二胡独特的演奏技巧与风格，营造了无与伦比的深邃意境，显示了中国二胡艺术的独特魅力。该曲获得了"20世纪华人音乐经典作品奖"。

二胡是弓弦乐器，通过拉弓使弦振动而发声，再借助共鸣箱使弦的声音在共鸣箱中放大。二胡的材料决定二胡的音色，琴筒上的蟒皮为共鸣箱的主要部件，直接影响二胡的使用效果和演奏技巧的发挥。

利用杠杆原理转动弦轴，拉紧或松动琴弦进而调节音高。二胡的音色近似人声，个性鲜明，极富艺术感染力和民族韵味。

口弦 mouth-strings

文化溯源

口弦也称口弦琴，是铁制拨奏体鸣乐器，它是我国民间具有远古文化意味的乐器。

相传，很早以前发生了一场瘟疫，村子里几乎所有的人都死了，只有一个女婴被一位过路老人救了出来。后来，这个女婴在老者的抚养下长大。当她听到老人讲述这段悲惨的往事时，因过度伤心痛哭而变成了哑巴。好心的老人特意为她做了一只口弦琴，使她又有了一副能讲话的"嗓子"。不幸的是，她的口弦琴被一只神兽偷走了。女孩历尽艰险找到了兽洞里的口弦琴，可是看守兽洞的石头老人却告诉她："这只口弦琴已被神兽吹过，变成了法物，用它能救活你的双亲。不过，三天以后你自己就会变成石头！"善良的女孩没有顾及自己的生命，用那只口弦琴吹响

了生命的音符，救活了父母和乡亲，她自己却在三天后化成了美丽的石头人。从此，口弦琴流传下来了，石头姑娘的形象也活在了人们心中。

演奏口弦琴时，演奏者左手执簧并将簧片贴近口腔，右手使簧片振动，此刻簧片发出不同的"呷呷"、"嗡嗡"声。调节嘴形及口腔舌位，又会出现一组含蓄、纯净的乐音，演奏者可以根据需要将这些乐音组成旋律。

据有关专家研究，人的口腔、咽腔仿佛是一根一端闭合的开口管，平均长度约 17 厘米。舌位、嘴形的变化影响口咽管道固有频率的变化，当嘴形一定时，舌面向里收缩，位置放低，固有频率相应变低；舌面外延，向上抬起，固有频率相应变高。当变化着的口腔某一固有频率与振动簧片某次谐音的频率接近或相等时，簧片某次谐音的能量就会最大限度地传递给声道内的空气，使口腔内的空气分子产生强烈的振动。再次变化嘴形与口腔舌位，口腔的固有频率又会产生变化。当另一变化点的口腔固有频率又接近或等于另一个谐音频率时，相应谐音的能量也最大限度地使口腔内的空气分子发生强烈振动并产生共振。在我们的感觉上，另一谐音也就被明显地突出来了。口弦发音时，口腔、喉咽联合组成了"可变共振器"。

芦笙 lusheng

文化溯源

芦笙是苗族文化的符号和象征，是苗族历史文化发展的见证。在我国最早的诗歌总集《诗经》中就有"吹笙鼓簧，吹笙吹笙，鼓簧鼓簧"的诗句出现。历史学家郭沫若先生在《今昔集·钓鱼城访古》一书中断言："（笙之类乐器）据我看来起源于苗族，苗民间均备有芦笙。"

关于芦笙的起源有一个传说。相传苗族的祖先神告且和告当造出日月后，又从天公那里拿来谷种撒到地里，可惜播种的谷子收成很差。为了解忧，一次告且和告当从山上砍了六根白苦竹扎成一束，放在口中一吹发出了奇特的乐声。奇怪的是，地里的稻谷在竹管吹出的乐声中长得十分茂盛，当年获得了大丰收。从此以后，苗族人民每逢喜庆的日子都要吹芦笙以示庆贺。

现在的芦笙大多笙管有底，属于"闭管共鸣"。有的芦笙笙管无底，属于"开管共鸣"。演奏时，手指按音管下端指孔，使笙簧与上端出音口之间的空气柱形成有效长度，通过吹气或吸气，使其固有频率同簧片的频率产生耦合振动而发音。笙管上端多套有用一截竹筒制作的共鸣筒。

锣 gong

文化溯源

锣是中国传统的打击乐器,用金属制成,不同的地方有不同的锣。锣在过去常用于表现一种紧张或不祥的气氛,而且具有十分独特的艺术效果。它的应用范围广,多用于戏曲、歌舞伴奏,也常在集会、赛龙舟、舞狮子以及各种竞赛活动中使用。最早使用铜锣的是居住在中国西南地区的少

数民族。在公元前2世纪左右,随着各民族文化交往的日益加强,铜锣逐渐向内地流传。铜锣在古时战争中应用比较广泛,古代军事首领们经常用铜锣来指挥军队作战。中国古代的军事术语"鸣金收兵"中的"金"就是古代铜锣的别称。

中国的打击乐器根据制作材料的不同,分为金属类、竹木类和其他类。锣属于金属类的打击乐器,用铜冶炼而成。它的结构比较简单,锣身呈一个圆形的弧面。用木槌敲击锣身,会因振动而发音。改变敲锣的力度和快慢,锣发声的响度和频率也会改变。

牛角 *ox horn*

文化溯源

牛角是苗族、土家族等少数民族的唇振气鸣乐器。秦汉时期，动物的角已在军中仪仗和鼓吹乐中使用。除动物的天然角以外，还出现了用竹木、皮革、铜等材料制成的角。在民间传说中，牛角号能驱逐恶魔和消除灾难，以前过民间"鬼节"和进行大型祭祀活动时常常吹响牛角号，以保平安和丰收。当然，古时牛角号还用作围猎时的信号。

在革命战争年代，号称"游击大王"的刘永生曾把牛角号当军号用，牛角吹起的冲锋号令敌人闻声丧胆。至今在西柏坡博物馆里还保存着当年南方红军游击队使用的军号——牛角号。

牛角被吹入空气后，空气在管内形成驻波，驻波波长决定音调，并从管口发声。

牛角多用天然的黄牛角或水牛角制作：将牛角尖端锯平，在锯口中心钻一小孔，使之与角的内腔相通；在小孔上端扩孔并使之呈钝角状，与号嘴相似；有的还在角的上端装置一个竹制或木制吹嘴。牛角无按音孔，也无固定音高，依靠嘴形变化和气息控制，可以吹奏出不同的音高。

牛腿琴 qin bracket

文化溯源

　　牛腿琴是侗族弓拉弦鸣乐器，因琴体细长形似牛大腿而得名。牛腿琴侗语称"果吉"，用杉木制成，面上装薄板构成共鸣箱。两根弦，五度定音，琴弓一般用二胡弓。因其形似牛腿，琴端二角似羊角，又称"牛巴腿"、"羊角弦"。

　　关于牛腿琴的来历，民间流传着一个古老的传说：很早很早以前，在黔东南的一个侗族山寨里，住着穷、富两家人。富人依仗财势经常放狗去咬穷人；穷人也不示弱，奋起反抗将狗打死，从此两家仇恨日深。一次，穷人养的牛见主人被欺负，冲上去相助。富人见势不妙，也放出

自己的牛来。此后，人与人打，牛同牛斗，闹得整个山寨不得安宁。有个神仙下凡来调解，送给每人一支芦笙，让他们吹着走乡串寨，忘记争斗。而牛却不听召唤，越斗越凶。神仙担心牛的角斗会再挑起人的旧仇，气急之下便把两头牛的后腿给砍断了，两牛再也无法争斗。矛盾虽然解决了，但穷人却永远失去了耕牛，他伤心地抱着牛腿痛哭。牛腿腐烂后，他就做了一个木头的牛腿，仍抱着它一边抚摸，一边诉说自己的苦衷。后来，就逐渐产生了在民间流传的牛腿琴和牛腿琴歌。

牛腿琴发声原理：应用琴弓上的弓毛摩擦琴弦而发声，演奏者将弓与弦放置成直角，再以适当的速度和压力拉动琴弦使琴弦振动，使紧张的弦线振动发声。改变拉弓的速度或压力，可以改变振幅而使音量发生变化。音调的变化则靠左手按弦，改变琴弦的振动长度；其音色主要取决于弓法（运弓技巧）及左手按弦的技巧，如抖音。

噗噗噔儿 *glazed horn*

文化溯源

噗噗噔儿，是一种用玻璃吹制而成的玩具，在我国民间广为流行。吹制的方法是，先在高温下将玻璃拉成一根管子，然后将它的端部吹成一个球；趁玻璃还软时在微凸的平面上一摁，使底平面略向内凹，冷却后即成。

噗噗噔儿在中国明末的《帝京景物略》中就有记载，且有一首儿歌：

倒掖器，如瓶落阶瓶倒水。
均匀呼吸吹薄纸，吸少呼多瓶脱底。
藏爹钱瞒爹眼里，迷糊琉璃厂甸子。
儿迷糊，倒掖器，爹着汗，嬷着泪。

这首儿歌的大意是：倒掖器玩起来，它发出的声音有如瓦盆掉在台阶上或小口瓶往外倒水。由于它很不结实，所以必须均匀吹吸，就像吹一张薄纸一样，一不小心就会将底吹脱落，很容易吹坏。歌的后半部分是说一个淘气的小孩儿背着爹妈拿了钱去逛琉璃厂买倒掖器玩，结果害得爹为了寻他而汗流夹背，老妈妈急得哭泣。

噗噗噔儿的发明虽早，但关于它变形的理论研究却很晚。最早研究它的是 1939 年美国力学家冯卡门和他的中国学生钱学森。他们将这类问题简化为一个球壳在外压作用下的失稳问题。他们的兴趣当然不是为了噗噗噔儿，而是为了弄清某些飞机结构元件非线性变形的规律。

玩噗噗噔儿利用了气体压强原理。由于它的底薄如蝉翅，且略凹，对着管端轻轻吹气后内部气压略大时，底儿便变形并突然外凸，随之"噗"地一响；然后再吸气，随着内部压力减小，底儿又"噗"地一响变为向内凹。这样一吹一吸，便响个不停。噗噗噔儿的变形理论是非线性理论。噗噗噔儿变形外力曲线成非线性关系，非线性关系类型很多，也很复杂，现在人类对它还没有研究清楚。然而，非线性现象不管怎样复杂，都得从最简单的情形开始研究。噗噗噔儿就是一种最简单的非线性现象。

水鸟哨子 *bird water whistle*

文化溯源

水鸟哨子不仅是一件工艺品，而且是一件吹奏乐器。水鸟哨子是空心的，尾巴部分就是一个哨子，用嘴对准哨嘴一吹，便发出"呜呜"的声音。水鸟里灌进水后，声音就会变得悦耳动听，清脆婉转，好像鸟儿在歌唱。

哨子是人类最早的驱赶野兽的工具。古人类发明了各种各样的哨子，如生活在丛林里的古人多用叶子吹哨子，生活在其他地方的多用石头制作哨子，后来逐渐发展成用兽角之类的东西制作哨子。

由于制陶技术的发展，我国古代劳动人民发明了陶瓷水鸟哨。陶瓷水鸟哨依据陶瓷材质的不同可分为紫砂水鸟和白瓷水鸟。水鸟哨子里水的多少、吹的力度不同，发出的声音也不同。

物理趣味

向水鸟哨子吹气时，会产生一股喷出的气流，这股横向的气流通过较长段管口部的时候，会引起吸管中气柱的振动，于是产生一个微弱但稳定的声音。当较长段吸管在水中下降时，振动的空气柱缩短了，从而会产生较高调的声音；吸管上升，空气柱加长，便会产生低调的声音。

埙 *pottery xun*

【文化溯源】

　　六千多年前，我国半坡氏族人在创造农耕文明的同时，也创造出了世界上最古老的乐器——埙。1984年在洛杉矶奥运会上，一名中国男子用古埙演奏的古曲《楚歌》，让全世界的人领略了中国古老乐器的魅力，引起了国内外音乐专家和民间艺人对埙的关注。埙的声音极富人的感情气质，有极丰富的表现力。其声低沉庄重、苍凉哀婉。在古代宫廷音乐中，埙分成颂埙和雅埙两种。颂埙形体较小，像个鸡蛋，音响稍高；雅埙形体较大，音响浑厚低沉，常常和一种用竹子做成的吹管乐器篪配合演奏。

 物理趣味

埙的发声原理和吹啤酒瓶的发声原理相似，任何一种乐器均由发声体和共鸣箱组成。声音的特性主要由发声体决定，共鸣箱一般是一个包容状的整体，对声音起着"放大"的作用。埙的发声体就是吹孔处的锐边，其可以激起气流振动。共鸣箱就是埙体，只不过其与吹孔紧密相连，不像琴类那样分得明显。另外，通过音孔的开闭还能改变埙体的固有频率。而影响埙的音色的首要因素是吹孔材料及其厚薄，其次是音孔的成型状况，其余因素影响较小。

第四章 民间游戏

　　本章收集的一些民间游戏活动是我们传统文化中颇具特色和值得玩味的，具有浓厚的区域文化气息。这些游戏玩法简单易学，趣味性强，不受人数、场地、环境的限制。

拔河 tug-of-war

文化溯源

拔河是我们民间常用的健身方法，可以单人对拔或集体对拔。拔河运动在我国有悠久的历史。最早的拔河源自春秋时期，楚、越两国的水军交战，鲁国的工匠公输子（鲁班）设计了一种称为"钩强"的兵器，用以阻挡和钩住敌船。当敌船前进时就阻挡它，当敌船后退时就钩住它。楚国水军舟师运用"钩强"这种兵器打败了敌军，取得了军事胜利。平日军队也经常用"钩拒"进行军事训练。在将领的指挥下，士兵分成两组，手挽竹编的篾缆，伴着惊天动地的战鼓和呐喊声，奋力钩拉牵拖。这种紧张激烈、扣人心弦的军事演练，时称"钩拒之戏"。它模拟水军舟师的作战形式，在钩或拒时需要士兵强大的力量和技巧，并需集体配合同时用力。这可以算是我国拔河运动的起源。

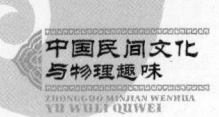

　　有两种情况可让对方连同拔河绳一起移动，一种是因为输的一方队员的鞋底与地面间摩擦力不够而发生滑动，另一种是因为输的一方的手与拔河绳之间也发生滑动。由此可见，增大摩擦力就成了决定胜负的主要因素。因此，要取得拔河的胜利，必须注意以下几点：

　　（1）参赛队员尽可能穿鞋底比较粗糙的鞋子，增大鞋底与地面间的摩擦力。

　　（2）选体重较大的队员参赛。队员的体重越大，对地面的压力越大，摩擦力也就越大。

　　（3）高个子的在前，矮个子的在后。让高个子靠近河界，矮个子在绳子的末端，这样可以让绳子大致成一个逐渐下降的曲线。在后面矮个子产生向后的拉力的作用下，绳子绷直，处在靠近河界的高个子受到绳子绷直时向下的压力，会进一步增大他对地面的压力，从而增大摩擦力。

　　（4）身体适当向后倾。重力矩的大小由重力大小和重力臂大小的乘积来决定。在拔河比赛中，重力大小不变，在脚下不打滑的前提下，身体越向后倾，重力臂越大，则重力矩越大，越容易取胜。

　　（5）手要用力握住绳子。手用力握住绳子，则压力越大，摩擦力也越大，绳子越不容易从手里滑动。

　　（6）拉绳的方向尽量与绳的夹角小些，最好和绳子平行，这样就可以增大集体的合力。

八人秋 eight swing

文化溯源

八人秋即八人秋千，是我国苗族传统的体育器械。它已有几千年的历史，流行于贵州松桃县、重庆秀山酉阳、湖南湘西等苗族地区。赶秋为湘西苗族人的大型喜庆传统节日，于每年立秋日举行。赶秋日，苗族人民身穿节日盛装，兴高采烈地从四面八方涌向秋场，参加或观看各种文娱活动。人们唱苗歌、吹唢呐、舞狮子、上刀梯、荡八人秋，非常热闹。

传说，以前有个苦孩子叫苦八岖，从小死了爹娘。有一天，他上山打猎时看见天上飞着一只叼着绣花鞋的岩鹰，苦八岖把岩鹰射了下来。他想，做绣花鞋的人一

定是一位心灵手巧、美丽善良的姑娘。苦八岖照着水车的样子做了一个八人秋，以便在赶秋会上寻找那位姑娘。终于，他找到了做绣花鞋的那位阿妹，向她讲述了射绣花鞋的经过，并表达了对她的爱慕。他俩最终结成了终身伴侣。从此，玩八人秋就成了赶秋节上不可缺少的活动。

"八人秋"以一根长4米、直径20厘米的圆木为主轴，然后将其划分为5段，每段长80厘米，依次凿4个两相对穿的孔，插入长3米的杂木棒，形成4个对称的"十"字架，并在各"十"字架的顶端以90厘米长的杂木相接作为横轴；再在横轴上系上篾或藤条制成的粗绳，绳下端安上踏板即成。使用时，用2个三角架将"八人秋"主轴支撑起来。参与八人秋的人员一般是男女各半，人站上去后，由旁人推动秋千架旋转。秋千架旋转时，男女双方开始对歌，借以交流感情。

其物理原理很简单，人的拉力（或推力）是使八人秋加速转动的动力矩，匀速转动时，动力与阻力做功的大小是一样的。

蹦极 bungee jumping

> 文化溯源

蹦极也叫机索跳,是一项非常刺激的户外休闲运动,能极大地锻炼人们向困难和恐惧挑战的勇气。目前,我国已经建设了很多高空弹跳蹦极项目:秦皇岛的海上蹦极、北京朝阳公园蹦极、长沙天园蹦极等。蹦极作为一项娱乐健身活动,安全可靠,只要您心理健康、身体状况良好,一般均可参加。

关于蹦极还有一个传说，在很久以前的一个部落，有一位妇女为逃避丈夫的虐待，爬到高高的树上，用一种当地具有弹性的蔓藤牢牢绑住脚踝，她威胁其丈夫要从树上跳下来。随后，爬上来的愚蠢丈夫也说要跟着跳下去。于是，柔嫩的蔓藤救了女人的命，而暴虐的丈夫则命丧黄泉。该部落为了纪念这位勇敢的妇女，将用蔓藤绑住脚后从高处跳下发展为一种运动方式。

蹦极可以近似地看成势能和动能的相互转化。跳起时跳板弹性势能转化为运动员的动能，上升时动能转化为重力势能，下降时重力势能转化为动能，之后又由动能转化为弹性势能。这个完整的过程遵循能量守恒定律。在绳子没有达到原长时，不考虑空气阻力，也无弹力参与，人体进行自由落体运动；当超过绳子原长时，开始有弹力的作用，并且弹力逐渐变大。弹力等于运动员的重力时，速度最大，以后速度逐渐变小，直到速度为零。这时弹性势能最大，弹力最大，因而人被拉回去。

踩高跷 walking on stilts

文化溯源

踩高跷俗称"缚柴脚"或"高腿马"、"竹马",是我国民间的一种舞蹈表演形式,属我国古代"百戏"中的一种。据说古人为了采集树上的野果,给自己的腿上绑两根长棍,由此发展成为现在的一种跷技活动。

早在 2 500 年前,春秋时期的《列子·说符》记载,宋国有个叫兰子的人,把两根比自己身体长一倍的木棍绑在双腿上,为宋元公作疾走如飞的表演,手上同时舞弄七把剑。由此可见,当时的踩高跷技术已达到很高的水平。

民间也有关于踩高跷的传说。从前，有座县城叫两金城，城里和城外的人非常友好，每年春节都联合办社火（民间一种庆祝春节的传统庆典狂欢活动），互祝生意兴隆、五谷丰登。不料来了个贪官，把这看作是一个发财的机会。他规定凡是进出城办社火的，每人要交三钱银，不交就关城门、拉吊桥。于是，人们就踩着高跷，翻过城墙，越过护城河，一如既往地办社火，并乐在其中。

踩高跷运用了平衡原理。行走时，抬起一只脚和踩着的木板，躯干向前倾斜。在这样的姿势下，从人体重心引出的竖直线很显然要越出支撑面的范围，这时人就会向前倾。与此同时，原来停在空中的脚和木板很快移到了前面，使重心垂直线落在了两个支撑脚重新圈出的范围内，从而重新恢复平衡。

踩着高跷奔跑时，原来踩在木板上的那条腿凭借肌肉的强力收缩，会突然伸长并将身体向前抛出，在这一瞬间身体会完全腾空。当身体还在空中时，另外一只脚和木板就会快速地移动到前方并落在地面上。当然，要熟练完成踩高跷动作，需要反复进行平衡练习。

吹肥皂泡 blowing bubbles

文化溯源

吹肥皂泡不少人小时候都玩过，一个个弹力十足的彩色泡泡飘在空中，煞是好看。在过去经济不很发达的时候，小孩子一般用洗衣粉或肥皂溶解在水中，然后用细铁丝扎成圈，将圈在溶液中沾一下，轻轻一吹，就飘出很多彩色的泡泡。

肥皂泡现象一直都是建筑学特别是仿生建筑学所关心的。因为肥皂泡体现了一种最小化的原则，它符合仿生建筑所追求的以最经济的材料消耗得到最有效的空间的原则。现在很多大型建筑如北京国家游泳中心，正是受到肥皂泡的启发而建成的。

物理趣味

肥皂泡主要体现了表面张力、光的薄膜干涉等物理原理。我们在吹泡泡时，肥皂水的表面张力可以使泡泡那层薄薄的液体膜不破碎，并且紧紧裹住里面的空气。溶液表面张力越大，吹入的空气量就会越多，泡泡的体积也就越大。肥皂的成分大多是硬脂酸盐，其有机分子比水分子大许多，分子之间的引力也大很多。肥皂膜本身是无色的，就像一张透明的玻璃纸，但在重力作用下，来自前后两个面的肥皂膜下面厚、上面薄，因此在膜上不同位置的反射光相互叠加，形成彩色的明条纹和暗条纹。

打水漂 ducks and drakes

文化溯源

打水漂游戏据传从石器时代就开始出现了。生活在水边的人小时候大多玩过打水漂。在河边或湖边，找一处水势比较平缓、视野比较开阔的水面，寻一块较扁平的石子，倾斜身子，前足点地，后腿微屈，吸气、蹬地、转身、甩手，将石子尽量与水面平行甩出；小石子在水中一蹦一跳地好像一个淘气的小精灵，在水面上留下蜻蜓点水般的点点涟漪。

俗语"打水漂"比喻白白投入而没有收获。例如，"大赤包是眼里不揉沙子的人，向来不肯把余钱打'水漂儿'玩"（老舍《四世同堂》）。"致富心切上了当四十万元打水漂"（《云南日报》，2003-07-06）。

 物理趣味

打水漂的远近和水漂的多少与石子的质量、形状、与水面的角度以及旋转速度等有关。打水漂时，需要石子高速旋转。在与水面接触时，水面的弹性给了它向上的冲击力。石子旋转越快，打的水漂越多。如果扔石子时向外的速度较快，打的水漂就更多，当然这需要一定的技术。有专家证明，在其他条件相同的情况下，石头首次接触水，且与水面成 20°角时，水漂效果最完美。

打水漂虽然是一个普通的游戏，但它所包含的科学道理有重要的借鉴价值。它可以帮助物理学家建立航天飞机的降落模型，因为航天飞机在返回地球进入大气层时，也像石头遇到水一样会出现反弹。

打纸板 *playing cardboard*

文化溯源

打纸板也叫扇画片。该游戏规则不多，上手简单，农村学龄儿童以及小学生玩得最多，在20世纪七八十年代非常流行。过去乡下纸张金贵，上茅厕宁可用树叶、稻草等，也舍不得用纸。小孩子则会经常偷偷从作业本上撕下两页纸并折成纸板：分别对折成长方形，架成十字，将四端折成直角三角形或直角梯形，依次叠压。打纸板不受人数的限制，规则也很简单：谁先打，谁殿后，次序都通过"锤子剪刀布"解决。只要把对方的纸板儿打翻个面，就赢得了对方的这个纸板。打纸板除了能培养智慧和观察能力外，还能锻炼身体、增强体质，最直接的就是锻炼臂力和爆发力。在冬天，只要玩上半个小时，身体就会发热，不但锻炼了身体，而且抵御了严寒。

  纸板的制作有很多技巧。如果折出来的纸板太薄，对方只要击打纸板的周边，击地后所产生的风力和冲击波极易将薄而轻的纸板掀翻；若折出来的纸板太厚，虽然重量增加了，但对方只要击打纸板的正面，由于厚纸板弹性大，被击打后对地面形成的挤压力也大且持续时间长，地面对纸板的反作用力也就大，厚纸板弹向空中的高度就高，被掀翻的几率自然也就大得多。

  玩纸板要充分运用科学知识，如击打对方纸板周边时要注意观察，因为对方纸板击打在地上，与地面的接触一般都是不均匀的，一定要选择对方纸板与地面空隙较大的一侧去击打，这样击出的风力与冲击波容易进入对方纸板的下面，掀翻对方纸板的几率自然大得多。

弹弹子 *playing marbles*

文化溯源

弹弹子又名弹琉璃蛋，是农村男娃经常玩的一种游戏。小伙伴们撅起屁股，趴在地上，瞄准对方的弹子，运足力气用手指一弹，击中对方的弹子就可将其收归自己的兜兜中。为了增加乐趣，玩弹弹子可以以比赛的形式进行，随便在地上挖几个小坑，就可以开始比赛了。

弹弹子的力有很多：手指对弹子的弹力、地面对弹子的摩擦力、弹子对弹子的碰撞力、障碍物对弹子的摩擦力等。弹子在动力和阻力作用下发生平动和滚动。两个弹子碰撞时可分为正碰和斜碰，发生斜碰时，可以忽略两球间的摩擦力，则两球只在球心连线方向上有作用力。"稳、准、狠"是玩弹子时必须记住的技巧，拇指弹的力度要掌握好，用力过大容易打偏。

荡秋千 swing

文化溯源

秋千是我国古代北方少数民族创造的一种运动,春秋时期传入中原地区,汉代以后逐渐成为清明、端午等节日进行的民间体育活动并流传至今。

秋千最初叫千秋。据说齐桓公北征山戎时,把"千秋"的游戏带入中原地区。最初的时候只有一条绳子,用手抓住绳子荡来荡去,后来逐渐发展为用两根绳索加上踏板的"千秋"。到了汉武帝时,因"千秋"在汉字里具有人"虽死而永垂不朽"的意思,为了避讳,他把"千秋"改为"秋千"。到唐代,荡秋千已经十分普遍,并且成为清明节时一项重要的活动,甚至被唐玄宗称为"半仙之戏"。

不过,自古以来荡秋千几乎都是女性玩的一种游戏,在很多文学作品中都有反映,如《金瓶梅词话》第二十五回开头便写了吴月娘、孟玉楼、潘金莲、李瓶儿等在花园里荡秋千的情形:

> 二女娇娥美少年,绿杨影里戏秋千。
> 两双玉腕挽复挽,四只金莲颠倒颠。
> 红粉面对红粉面,玉酥肩共玉酥肩。

李清照在《点绛唇·蹴罢秋千》中也写了这种活动:

> 蹴罢秋千,起来慵整纤纤手。
> 露浓花瘦,薄汗轻衣透。
> 见客入来,袜划金钗溜。
> 和羞走,倚门回首,却把青梅嗅。

 物理趣味

> 荡秋千是一种单摆运动。在秋千从最低点荡到最高点的过程中,重力做负功,系统的动能转化为势能;当秋千从最高点荡回到最低点时,系统的势能又转化为动能。若只有重力做功,那么在整个过程中机械能守恒,秋千将做等幅摆动。要让秋千越荡越高,如果不借助外力,只有通过荡秋千的人在秋千上站起或蹲下来实现。当人荡到平衡位置时,双手用力拉绳,则绳以相同大小的反作用力拉人,此力克服人的重力做功使人突然起立,此时人的重心将上移,系统的重力势能增加,而切向速度未变即动能未变,系统的机械能增加。在秋千从最低点荡到最高点时人慢慢下蹲,当人升至最高点时迅速站起,使重力势能增大。因此,在一个周期中机械能增加,秋千越荡越高。

钓鱼 going fishing

文化溯源

钓鱼自古以来就是一项修身养性的户外体育运动。我国历史上很多的文人都有此番爱好并有佳作传世。例如，清代纪晓岚的《绝句》："一篙一橹一孤舟，一个渔翁一钓钩。一拍一呼又一笑，一人独占一江秋。"唐代胡令能《小儿垂钓》："蓬头稚子学垂纶，侧坐莓苔草映身。路人借问遥招手，怕得鱼惊不应人。"关于钓鱼的诗词数不胜数，这些诗作从不同侧面反映了钓鱼的乐趣，或借钓鱼抒发胸臆。现在，爱好钓鱼的人越来越多，人们走进大自然，让自然的清风吹走城市的喧嚣，随着钓竿的颤动而心潮澎湃。只要一竿在手，性情暴躁的小伙子也会"静如处子"。

物理趣味

钓鱼的过程蕴含着丰富的物理知识：（1）声音的传播。周围的说话声或脚步声会经过空气、水或大地传到鱼头部的内耳里，这是因为声音能在固体（如大地）、液体（如水）、气体（如空气）中传播。因此在钓鱼时不要大声说话。（2）压强。钓鱼用的钩尖做得很细，是为了减少受力面积，增大压强。（3）扩散现象。香饵分子颗粒不断向周围扩散，能把鱼吸引过来。（4）杠杆原理。鱼竿属于费力杠杆。（5）鱼漂的密度很小，故能浮在水面上。

丢沙包 throwing earthbags

文化溯源

丢沙包最早可追溯到远古时代，人类的祖先会用石头等硬物击打猎物。随着历史的发展和社会的进步，丢沙包在民间逐渐演变成了一项集体性的娱乐活动。丢沙包在 20 世纪六七十年代是一个很普及的游戏项目，孩子们对这项活动都很感兴趣。如今，丢沙包游戏依然在一些小学教学中开展。在农村体育设施匮乏的地区，农村小孩也经常玩丢沙包游戏。丢沙包游戏可以加强学生与老师、父母与子女的沟通和交流，营造和谐的社区人文环境和邻里关系，培养孩子从小就养成团结合作、互相帮助的良好品德。

沙包用碎布经针线缝制而成，里面装有沙子。丢沙包的物理原理主要有我们平常所说的缓冲原理，即根据物理学的动量定理，使用软的沙包打击对方会延长受力时间，从而减少身体受的力，不容易造成伤害。另外，软的沙包在地面上会较快地停下来，一是因为受到的摩擦力较大；二是软的沙包"滚动"时，重心上下移动都需要外力做功。

放风筝 *flying kites*

文化溯源

风筝在我国已有两千多年的历史，它也是中华传统文化得以传承、发扬的载体。相传墨子以木头制成木鸟，研制三年而成，这是人类最早的风筝。据说后来鲁班用竹子改进墨子的风筝，并逐渐演进为今日的风筝模样。相传《红楼梦》的作者曹雪芹也是一位风筝制作大师。

风筝在古代主要用于传递信息、飞跃险阻等军事需要。唐宋时期，由于造纸业的出现，风筝改由纸糊，并很快传入民间，成为人们休闲娱乐的玩具。我国劳动人民通过自己的智慧，创造了很多文化样式，绘画、书法、剪纸、吉祥图案等在风筝上也体现得淋漓尽致。

现在，放风筝已经成为一项重大的体育活动。我国山东潍坊市被各国推崇为"世界风筝之都"。1984年4月1日，潍坊市人民政府根据美国友人大卫·切克列的建议，举办了第一届潍坊国际风筝会。从此，一年一度的潍坊国际风筝会在潍坊举行。至2013年，潍坊已经连续举办了30届。国际风筝联合会还作出决定，将国际风筝联合会的总部设在潍坊。

放风筝是一种投身于大自然的娱乐健身活动，老少皆宜，可以锻炼身体、陶冶情操、增强体质，使我们身体更健康、心情更愉悦。

物理趣味

风筝主要靠风的推力升扬于空中。风筝本身有重量，但能在空中飘浮飞翔，是因为受到空气支撑向上的力，这种力称为扬力。风筝在空中时，空气会分成上下流层，此时通过风筝下层的空气受风筝面的阻塞，流速减低，气压升高；上层的空气流通舒畅，流速增强，致使气压减低。扬力就是由这种上下气压之差产生的。

滚铁圈 rolling a hoop

文化溯源

　　滚铁圈又叫滚铁环,是一种中国传统民间儿童游戏,流行于20世纪七八十年代。滚铁圈是那个年代男娃娃的炫技宝物,如同现在的孩子玩滑板一样,很有满足感。它的基本玩法是用铁钩推动铁圈向前滚动,以铁钩控制其方向,可直走、拐弯。那时候在乡村的小路上、谷场里,经常会有一群穿着破旧、满脸泥花花的小男孩,滚着铁圈互相追逐、比赛,"哗琅哗琅"的声音响成一片,场面颇为壮观。滚铁圈的动作有一定的难度,需要一定的技巧。可以个人随意玩耍,也可以集体举行竞赛。

物理趣味

　　将废置的木桶外面那个铁箍拆下来,其就是一个十分理想的铁圈。将一根长铁条一端做成"U"形钩,然后用"U"形钩推动铁圈前进。

　　滚铁圈要掌握好平衡,否则即使在平坦的路面上也跑不了多远。滚铁圈有一定的难度,需要一定的技巧,铁圈钩一定要与铁圈吻合,铁圈钩通过摩擦力和压力控制铁圈滚动的方向;钩子同时起到了轴承的作用,使铁圈具有滚动力矩。铁圈的运动是一种叠加运动:平动和转动的叠加运动。

呼啦圈 hula hoop

文化溯源

呼啦圈又称健身圈，20世纪50年代流行于欧美等国。呼啦圈由于轻便美观，对练习场地要求不高，很快成为一项广泛普及的运动。20世纪80年代，呼啦圈传入我国，并迅速得到广大人民群众的喜爱。经常参加呼啦圈运动，能够使身体的腰腹、臀腿肌肉不僵硬、不退化。但要注意：运动时间不宜过长，频率不宜过高；呼啦圈本身的质量不宜过重或过轻；儿童与老年人不宜参与，患有腰椎骨质增生、腰椎间盘突出症者不能参与，高血压、心脏病患者不宜。

物理趣味

呼啦圈转动之后，由于阻力的存在，转速将会减小，加上重力的作用，很快会落地。为了维持转动，人体腰臀部必须有节奏地扭动，定时定位地跟呼啦圈发生摩擦，使呼啦圈受到一个斜向上的摩擦力。摩擦力的水平分力对呼啦圈做正功，使呼啦圈越转越快，维持平稳转动。呼啦圈转动后有转动惯性，竖直向上的分力大，呼啦圈则向上移；竖直向上的分力小，呼啦圈则下落。一般来讲，圈大的比圈小的易转些；质量大的比质量小的易转些。

捡子 *picking up stones*

文化溯源

捡子是一种传统民间儿童游戏。其一般的玩法是：找大小相对均匀的小石子五颗，先把五颗石子握在手中，将其中一子（一颗石子称为"一子"）上抛，同时将其余四子掷于桌面或地上，俗称"放子"；然后开始捡子，即将一子上抛，在其落下来的过程中用同一手捡一子，以同样方式接而俯捡二子，依次捡完；再把四子都撒在桌上，上抛一子的同时俯捡全部四子；最后把四子全部撒在桌上，抛上一子的同时先俯捡对方选定的二子，再把其余二子叠高，再俯捡之。按以上程序顺利完成者算赢，整个过程只能用同一手操作。

捡子是一个训练观察能力和手上动作灵巧度的小游戏,是一种典型的休闲益智游戏。现在儿童的身体素质由于种种原因不如从前,肥胖、近视是困扰孩子和家长最大的问题。玩捡子这种老游戏,能够有效锻炼孩子们眼睛和手的协调性,同时能增加孩子们交流的机会。

捡子一般用小石子作为材料,这是因为石子在上升和下落过程中受到的空气阻力相对其重力来说可以忽略不计,因而空气阻力对其运动状态的改变也微乎其微。因此,玩捡子游戏时,石子在空中只受重力作用,做竖直上抛运动,这是一种很有规律的匀变速直线运动,我们还可以研究这些石子经过某位置时的速度、时间、动能等。

当玩者抛出石子时,对石子做功越大,石子会抛得越高,落下的时间越长,玩者会有更多的时间来考虑如何俯捡石子。

孔明灯 Kongming lanterns

文化溯源

孔明灯又叫天灯，相传是由三国时的诸葛孔明（即诸葛亮）发明的。当年，诸葛孔明被司马懿围困于平阳，无法派兵出城求救，孔明算准风向，制成会飘浮的纸灯笼，系上求救的信息，其后果然脱险，于是后世就称这种灯笼为孔明灯。另一种说法则是这种灯笼的外形像诸葛孔明戴的帽子，因此而得名。现代人放孔明灯多是为了祈福。

孔明灯可分为主体与支架两部分，主体大多以竹篾编成，用纸糊成灯罩，底部的支架则以竹削成的篾做成。孔明灯制作简单，但升空时受到场地与天气影响较大。风大时易将灯体吹斜而使灯体烧毁，下雨时易将灯体淋湿而燃料无法燃烧。因此，最好在无风的时候于空旷之地燃放。

孔明灯升空的原理是：燃料燃烧使灯内空气温度升高，密度减小，相当于排出了灯中原有的空气，使自身重力变小。由于空气对它产生的浮力大于它所受到的重力，所以孔明灯就会飞起来。

跳跳板 seesaw

文化溯源

跳跳跷板是我国朝鲜族妇女经常进行的一个运动项目。跳跳跷板比赛时，妇女们身穿鲜艳的民族服装，拿着扇子、手绢、绸带和花环等物品，在欢快的民族音乐声中，在跷跷板上腾空而起，此起彼落。她们一边跳，一边在空中用扇子或手绢、绸绢等物尽情地表演各种优美的动作。跳跳跷板比赛可以分成3种：单人腾空、轮番腾空和技艺腾空。单人腾空的比赛方法是两人一组，以一定时间内的腾空高度决定胜负。轮番腾空是4个人一组，也是以腾空高度来决定胜负。技艺腾空是两人各自拿着扇子、手绢、绸带或花环等物，在空中表演各种动作，根据动作的优美程度来计分。参赛的妇女必须身穿长裙，腰束彩带。

物理趣谈

跷跷板利用了杠杆原理，双方对跷跷板的压力分别是动力和阻力，人到跷跷板的固定点的距离是力臂。要想让跷跷板平衡，体重大的人站点离支点近，体重小的人站点离支点远。跳跳跷板时，跳得越高，下落时对板子的压力越大，对方受到向上的弹力也越大。

手绢降落伞 handkerchief parachute

文化溯源

在一次性餐巾纸没有大范围使用前，人们用的是手绢。手绢分薄平布和厚毛巾两大类，小朋友们玩耍所用的手绢是印花薄平布的。手绢降落伞制作简单，用四根一尺多长的线绳，分别用一头扎在手绢的四个角上，另一头集中在一起绑在坠落物上即

可。坠落物常选用玩具积木块，如有小人形象的更佳。也有用小铁螺丝或螺帽作为坠落物的，只要能起到均衡降落伞下降速度的作用即可。将做成的手绢降落伞抛向天空，手绢会立即张开并下降，就像伞兵跳伞。

空气阻力的大小一般与物体下降速度的平方成正比，所以随着手绢降落伞的加速下降，伞受到的空气阻力也逐渐变大。当空气阻力的大小等于重力的大小时，手绢降落伞受力平衡，就会匀速下降。

手影 hand shadow play

文化溯源

手影艺术是我国民间艺术的瑰宝。我国在商周时期就认识了光现象并加以利用了。有光便有影,人们白天在田野耕作,可以看到地上自己的影子;晚上在篝火旁,又可以看到自己的影子在岩壁上跳跃。后来,人们用手模仿各种形象映在墙壁上嬉戏,这就是"手影"了。另一种说法是,古时没有什么玩具,便用手影游戏来逗小孩玩。现代手影艺术表演全部靠手部动作完成。

物理趣味

手影利用了光学原理,反映了光源与被投射物体之间的关系。手影与平时见到的太阳光下的树影、房屋影子、旗杆影子的形成原理是相同的。光在传播过程中是沿直线行进的,且不能穿过不透明的物体。在手影艺术表演中,不透明的物体是手,手阻挡光线就会形成一个光照射不到的区域,因而显示出物体的阴影,即手影。

水火箭 water rocket

文化溯源

　　水火箭是一个利用质量比和气压作用而设计的玩具，同时是物理教学中经常用到的典型的案例之一。水火箭又称气压式喷水火箭、水推进火箭，是用废弃的饮料瓶制作而成的一种玩具。它分为动力舱、箭体、箭头、尾翼、降落伞等部分。水火箭科技含量高，寓教于乐，深受广大青少年喜爱，可以让他们直观地了解导弹、运载火箭的发射升空和回收过程，理解导弹与飞机飞行的原理及其不同点。

水火箭的飞行原理与把充满气的气球突然放气、气球就会飞走的原理相似。水火箭发射涉及的物理知识如下：

（1）碰撞学说。先往瓶内注入占其容积 1/4～1/5 的水，再用打气筒压入空气。此时，瓶的体积不变，气体分子随着压入气体的增加而相互碰撞，瓶内气体压力逐渐变大。

（2）压力。根据压力公式：$F=PS$，（P 为压力，F 为作用力，S 为面积），S 不变，作用力 F 和压力 P 成正比关系，故灌入的气体愈多，气压愈大，产生的作用力也愈大，水火箭飞行得愈远。

（3）牛顿第三运动定律（作用力与反作用力的关系）。瓶内充满空气后，瓶内形成高压，刹那间开启阀门，瓶内的水随即高速排出瓶外，形成一股强大的反作用力，使水火箭升空。

踢毽子 shuttlecock kicking

文化溯源

踢毽子在有些地区叫"打鸣",是我国广大劳动人民喜闻乐见的体育活动。据文献考证,踢毽子起源于我国汉代,清末达到鼎盛时期,至今已有两千多年的历史了。现在,喜欢踢毽子的人也很多,特别是青少年女子。

在民间流传着这样一首有趣的关于踢毽子的童谣:"一个毽儿,踢两半儿,打花鼓儿,绕花线儿,里踢外拐,八仙过海,九十九,一百。"在湘南一带也有一首有趣的童谣:"踢毽子,剥瓜子,生个崽伢子不吃辣子。"1984年,国家体委正式将踢毽子列为全国比赛项目。

毽子的制作简单,只需用一小块布包上一枚铜钱,与一小截下端剪成"十"字形开口的鹅毛管子一起,用针线缝牢做成底座;再在鹅毛管子上端插上七八根鸡毛即可。

用脚踢毽子底部,在弹力的作用下,毽子获得一定的速度,加上惯性作用,毽子保持运动状态。另外,由于空气的阻力作用,毽子的运动形态是:底座部分运动在前,有羽毛的一端运动在后。

跳绳 skipping

文化溯源

早在远古时代，我国人们就用绳来记事、捆扎农作物、搬运东西，或套牛马等家畜。后来绳子的用途不断扩大，成为人们生产生活中重要的工具之一。跳绳是一项简便易行的体育运动，也是孩子们经常玩的游戏项目。在古代，跳绳叫"跳百索"，在我国起码有1 500年的历史了。跳绳是一种非常有效的有氧运动，每跳半小时成人一般会消耗热量400卡。跳绳也是一项健美运动，可以提高人的心肺等各种脏器的功能，增强手和脚的协调性以及减肥等，是一项老少皆宜的休闲体育运动。

绳的长短影响跳绳的效果。绳子太长将增大摇绳阻力，在和地面接触后容易因反弹而引起失误；绳子太短，则会增加起跳高度。所以，绳子的最佳长度应该为两脚踩住绳子、双手拉绳至身体两侧髋关节为宜。现在我们一起来估算一下在跳绳中克服重力做功的平均功率。设某人的质量是50千克，他1分钟跳绳180次。假定在每次跳跃中，脚与地面的接触时间占跳跃一次所需时间的2/5，把跳绳的一次运动分解成脚脱离地面和脚接触地面。由于运动速度比较小，空气阻力可以忽略，而且主要是身体上下的平动，故可以建立竖直上抛的等效模型，从而可以计算出运动员跳绳时克服重力做功的平均功率约为75瓦。

跳水 diving

　　跳水俗称"扎猛子"、"打溺子"。跳水运动从最初的从悬崖上或桅杆上跳入水中，演变为从固定的建筑物上跳入水中，逐渐发展到现代的跳台跳水和跳板跳水。据史料记载，我国早在唐代就有了对跳水活动的记载。唐代诗歌总集《全唐诗》中记述："内人稀见水鞦韆，争擘珠帘帐殿前。第一锦标谁夺得？右军输却小龙船。"诗中所云"水鞦韆"就是指花式跳水，比欧洲的跳水竞赛早六百多年。到了近代，跳水被纳入正式的体育运动，这无疑给这个项目提供了广阔的发展空间。

　　在跳板跳水时，跳板下压能把运动员踩板的动能变成弹性势能并储存起来，然后在起跳时释放，将运动员"弹"向空中。运动员在空中抱成团状可减小转动惯量，从而加快转动速度。运动员入水是一种美丽的"溅落"，这种固体流体的碰撞可以让溅起的水花减少到最低限度。入水前把握时机打开身体并增加转动惯量，以"刹"住旋转并确保垂直入水。实验表明，楔形物体坠入池中时，由于水的不可压缩性，其会沿着阻力最小的方向寻找"出路"。楔形物的斜面便是阻力最小的方向，因而手掌垂直向下时产生的水花最小。

土电话 original telephone

文化溯源

  土电话是一种古老的融实用性和娱乐性为一体的工具，由中国人最先发明，可以看成是电话机的雏形。

  打土电话是云南省某地傣家少男少女特有的一种有趣的"爱情游戏"。春节期间，单身的卜冒（男青年）、卜哨（女青年）们都会把自己精心收拾一番，来到约定俗成的"老地方"聚会，大家唱唱跳跳、说说笑笑地开展各种娱乐和交谊活动,打土电话便是其中一个颇富情趣的"保留节目"。无论是卜冒对卜哨有了好感还是卜哨对卜冒动了芳心，都可邀约对方打土电话——各取一个竹筒，小心地拉开距离，以棉线绷直为度，接着便开始"通话"：或悄悄说情话，或轻轻唱情歌。直到该说的说了，该唱的唱了，若情投意合，便相约而去；若不投缘，则如同小孩过了回"家家"，放下"电话"，各人重找"通话对象"。

 物理趣味

用粗棉线（俗称"小线"）拴上两个纸盒，一人对着纸盒讲话，另一人把纸盒贴在耳朵上，就能听到对方说话的声音。物体的振动产生声音。声音能在各种介质中传播，在固体中的传播速度最大，液体次之，空气慢。棉线、细钢丝线比空气传播（振动产生的声音）的能力强。物体的刚性越好，传播声音（振动）的能力就越强，所以大地传播声音的速度比空气快，钢铁传播声音的速度更快。棉线绷紧了以后刚性也很好，所以我们打土电话时，能够听清对方的说话声。

陀螺 spinning top

文化溯源

中国是陀螺的老家。在我国山西夏县新石器时代的遗址中发掘出了石制的陀螺，可见陀螺在我国最少有四五千年的历史。陀螺在各地有不同的叫法，闽南语称作"干乐"，北方叫作"冰尜"（gá）或"老牛"，在河南一带叫"的喽"。

在过去，北京一带的人把抽陀螺称为"抽汉奸"。在20世纪40年代，日本侵占北京，不少汉奸助纣为虐。当时老北京的孩子把抽陀螺叫做"抽汉奸"，一边抽一边说："抽汉奸，打汉奸，打败日本，打死汉奸。"

当陀螺高速旋转时，不管地面如何高低不平，它都会转得很稳，而且保持转轴方向不变，在物理学上这种现象被称为"定轴性"。我们可以利用这个规律来辨明方向。在现代的飞机、导弹、运载火箭上的导航仪中，就装有高速旋转的陀螺。

陀螺在旋转的时候，不但围绕本身的轴线转动，而且还围绕一个垂直轴作锥形运动。也就是说，陀螺一方面围绕本身的轴线"自转"，另一方面围绕垂直轴"公转"。陀螺自转时，速度的快慢决定着陀螺摆动角的大小。转得越慢，摆动角越大，稳定性越差；转得越快，摆动角越小，因而稳定性也就越好。陀螺高速自转时，在重力偶的作用下，不沿力偶的方向翻倒，而是绕过支点的垂直轴作圆锥形运动。

摔泥巴 mud sport

文化溯源

摔泥巴是农村儿童玩得比较多的一种活动。摔泥巴一般由两个或多个孩子一起玩，最常见的一种玩法叫"摔牛屎窝窝"。每人准备一团和好的泥巴，找一处干净的平地或者石板，各人用自己的泥巴在地上捏成小碗状，尽量捏得深并且底部很薄；捏好后小心地从地上拿起来托在手中，用嘴对着泥窝窝呵上一口气并喊道："嗨，嗨，大大响！"迅速将手翻转后高高举过头顶，把泥窝窝使劲倒扣着摔在地上，泥窝窝的底部就会发出"嘭"的一声响，炸开一个窟窿，就像放炮一样，泥片也四处飞溅。谁的窟窿最大，谁就是赢家。当然，泥窝窝也有底部没有裂开、摔不响的，被戏称为"哑炮"，而且会像一个歪饼子，只能招来伙伴们的一阵大笑。

把泥窝窝使劲倒扣着摔在地上时，由于惯性，泥窝窝会向下挤压变形，泥窝窝和地面组成的"容器"里面的空气体积瞬间减小，压强增大，在高气压作用下泥窝窝的底部会被炸开。

纸风车 pinwheel

文化溯源

纸风车是一种民间传统的折纸艺术。纸风车的制作过程很简单：在一张正方形纸的角平分线处各剪一刀（留出中心位置，不要将纸剪开），将不相邻的两个角（指两角中间隔一角的两角）折向中心，然后用铁丝或钉子把它固定在一根木棍上。

关于风车有个神奇的传说：天上有只十头鸟，因为偷吃供品，被贬到凡间思过。但它四处搞破坏，弄得黎明百姓苦不堪言。周文王得知后，就请姜子牙降服这只罪鸟。姜子牙掐指一算，发现这只十头鸟最害怕的就是风车（又名八卦风轮）和乾坤竿。于是，就制作了风车和乾坤竿，并将风车插在三丈六尺五的乾坤竿上。从此以后，这只十头鸟就消失了，天下也就太平了。老百姓觉得这种风车很有趣味，又能辟邪，就都学着做，于是风车便在民间流传开来。

举着风车跑动或逆着风向，风车就能转动。风的动力转化为两个方向的力：一个是轴向，另一个是径向。轴向力对叶片做功，推动叶片转动；径向力为支架所平衡。这样，风力就转化为风车的旋转力矩，使风车不停地转。

纸风车的转动并不需要多大的风力，只要吹口气它就能转起来。制作风车时必须注意，固定风车叶片时不要弄得太紧，否则它就转不起来。

掷飞镖 *flinging darts*

文化溯源

飞镖在我国古代是一种防身武器,大致分为三种:柳叶镖、穗子镖、流星镖。现在,飞镖成为一项新兴的体育运动,我国于 1999 年 5 月把飞镖运动列为正式体育项目。作为运动项目的飞镖分为两种:一种为不可飞回的飞镖,一般为棒状,一端呈鹤嘴锄状;另一种为可飞回的飞镖,由不飞回的飞镖发展而来,在飞行中会突然转向,体轻而细,多用坚硬的曲形木做成。可飞回的飞镖一般长 30~75 厘米,重约 340 克,其形状有"V"字形、十字形、螺旋桨形等,以"V"字形最为常见。

一般飞镖的运行轨迹是近似直线前进的,重的一端在前面,轻的一端在后面。有的是旋转前进的,因为投掷动作的轨迹是一个以肩关节为中心的近似圆周,在投掷过程中飞镖与地面的角度不断改变。飞镖释放后向前飞出,并围绕重心以相同的角度旋转前进。

飞镖能回旋飞回,主要是由镖叶的截面形状(多为三角形)及其自旋所致,否则回旋飞镖就和丢出去的木棍没有两样。镖叶的截面形状使回旋飞镖所受的空气升力和飞机机翼相同,而镖的自转则令镖身稳定。

走马灯 revolving scenic lantern

文化溯源

走马灯又名马骑灯,是中国传统玩具之一,大约出现于宋代,常见于元旦、元宵、中秋等节日。中国历代都有描述走马灯的诗文,如南宋范成大《上元纪吴中节物俳谐体三十二韵》:"映光鱼隐现,转影骑纵横。"南宋姜夔《感赋诗》:"纷纷铁马小回旋,幻出曹公大战年。"南宋周密《武林旧事·卷二·灯品》:"若沙戏影灯,马骑人物,旋转如飞。"清代富察敦崇《燕京岁时记·走马灯》:"走马灯者,剪纸为轮,以烛嘘之,则车驰马骤,团团不休,烛灭则顿止矣。"

关于走马灯有一个具有浪漫色彩的传说。王安石二十三岁那年去赶考,晚上上街闲逛,见马员外门口的走马灯上有一联语曰:"走马灯,灯走马,灯熄马停步。"显然是在等人对下联。王安石看后不禁拍手连称"好对!"意即上联出句妙。马家家人误认为王安石的意思是容易对,立即禀告员外。因走马灯上的上联是为马家小姐择婿而出的,因此马员外急忙出来找王安石,而王安石却夸了一句就走了,因此没有见到面。在科场上,王安石第一个早早交卷,主考官见他交卷快,想试他的才艺,就指着厅前的飞虎旗出句说:"飞虎旗,旗飞虎,旗卷虎藏身。"王安石不假思索地用马员外门前的"走马灯,灯走马,灯熄马停步"来对,自然又快又好,令主考官惊奇不已。王安石

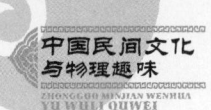

回头想起走马灯给他的机缘,忍不住又来到马家门前。马家家人认得是日前说"好对"的人,便请他到府中应对。有了主考官的"飞虎旗"联语,王安石自然对上了,马家当即就将女儿许配给他并择吉日成婚。在举行婚礼时,报子来报:"王大人高中,明日请赴琼林宴。"这真是"洞房花烛夜,金榜题名时"。王安石用"捡来"的两联,上应主考,下娶贤妻,一时传为美谈。

走马灯是根据热空气上升产生推力的原理制成的。走马灯利用灯笼内部点燃的蜡烛所产生的上升热气流,推动灯笼内部上方的叶片,带动与叶片连接的轴承,令轴承转动。轴承连有剪纸,烛光将剪纸的影子投在灯笼四壁上,剪纸不停地转动,其投影也不停地在灯笼四壁上"走动",从而产生动画的效果。

第五章 民间美食

中国是一个名副其实的美食之国，中央电视台播出的系列纪录片《舌尖上的中国》就充分展现了我国饮食文化的博大精深。源远流长的中华美食文化集中体现了我国各民族的生活智慧，具有强烈的时代性、丰富的民族性、特定的地域性、历史的传承性，是一种独特的文化现象。

炒栗子 roasting chestnuts

文化溯源

初秋时节,在我国南方城乡大街小巷总会看见这样的场面:一口大铁锅,一个炉灶,炒栗子的大伯抡起特制的大铲不停地翻起黑乎乎的砂子和光溜溜的栗子,不时飘来糖炒栗子的香味。在南宋爱国主义诗人陆游的《老学庵笔记》中曾记述了一段关于炒栗子的故事:"故都(现在的开封市)李和炒菜,名闻四方,他人百计效之,终不可及。……绍兴中,陈福公及钱上阁,出使虏庭,至燕山,忽有两人持炒栗各十裹来献……自赞曰:'李和儿也。'挥涕而去。"据此可以推知,汴京的炒菜专家李和在外族入侵时家破业敝,他的儿子带着炒栗的绝技流落燕山。他用献给故国使者的栗子来表达自己对祖国统一的渴望。

物理趣味

栗子和砂子一起炒,因为砂子的比热容大,只有吸收很大的热量,温度才会上升。不停地搅拌砂和栗子,为的是让热量均匀地传导给栗子。砂子的直径比栗子小得多,它能很快吸收热量。由于每个栗子周围都紧紧包围着热砂子,因此栗子能很快、很均匀地取得热量并且很容易熟透。我国民间常常用黄土粒等来炒花生,也是同样的道理。

吹糖 blowing sugar

文化溯源

　　吹糖这种古老的传统手艺相传在唐代就已经出现了。那时制糖人的糖还有一种香味，所以当时的吹糖小贩都以"香印"作为叫卖声。到了宋朝，赵匡胤做了皇帝，"印"、"胤"同音，为了避讳，吹糖人只好以打小铜锣来代替吆喝。因此，打铜锣就成了吹糖这个行当的标志。

　　关于吹糖历史上没有明确记载，倒是有一个关于吹糖人祖师爷刘伯温的传说。据说朱元璋为了自己的皇位能一代代传下去，就修造了"功臣阁"火烧功臣。刘伯温侥幸逃脱，途中遇到一个挑着糖担子的老人，两人调换服装才最终脱险。从此，刘伯温隐姓埋名，天天挑着糖担卖糖。在卖糖的过程中，刘伯温创造性地把糖加热变软后制成各种糖人儿，有小鸡、小狗各种动物形象，也有猪八戒、沙和尚、哪吒等传说人物形象，小娃娃特别喜欢。在路上，许多人向刘伯温请教吹糖人的方法，刘伯温都一一教会他们。于是，这门手艺就在民间流传下来了。

吹糖的方法是:用手指挤压气囊将气体鼓入柔软的糖体中,糖体在压强的作用下产生膨胀,然后进行艺术造型。吹糖使用的糖必须洁净卫生,能够食用。吹糖并不是一件简单的工作,需要操作者具有一定的经验和天赋。

糖艺在以前叫"糖活儿",所用的原料有两种:第一种主要是自己熬制的饴糖(也称转化糖),糖体为咖啡色,在常温下为块状,敲碎之后慢慢加热,然后快速造型。第二种是使用蔗糖加入葡萄糖熬制,成品的质感不同于饴糖,调色后颜色丰富亮丽,而且增强了硬度,在空调环境中经过妥善处理后不受季节的影响,可根据需要随时加工。

每一件成功的吹糖作品背后,都隐含着民间吹糖艺人辛勤的汗水。现在从事吹糖艺术的师傅很少,继承这种宝贵的非物质文化遗产的人也寥寥无几。

冻豆腐 frozen bean curd

文化溯源

　　冻豆腐在北方比较盛行,由新鲜豆腐冷冻而成,孔隙多,弹性好,营养丰富,味道也很鲜美。中国是豆腐的故乡,豆腐的出现是一大奇迹,大豆经过这样的处理后,人体对大豆蛋白质的吸收和利用率大大提高。清代饮食文献《食宪鸿秘》中对冻豆腐也有记载:"冻豆腐,在严冬,将豆腐用水浸盆内,露一夜,水冰而腐不冻,然腐气已除,味佳。"宋代苏东坡有《豆腐》诗云:"古来百巧出穷人,搜罗假合乱天真。"他认为这种"乱天真"的豆制品,是由穷人巧手制作而成的。我国科学家袁翰青先生也指出:"豆腐的始创者是农民,是他们在长期煮豆磨浆的实践中,得到了这种美味的食品。"

豆腐还有一定的食疗作用：益气和中，用于脾胃虚弱之腹胀、吐血以及水土不服所引起的呕吐；润燥生津，用于消渴、乳汁不足等症；清热解毒，用于硫磺、烧酒中毒。

豆腐消化慢，小儿消化不良者不宜多食；豆腐含嘌呤较多，痛风病人及血尿酸浓度增高的患者慎食。

物理趣味

> 豆腐本来是光滑细嫩的，冰冻以后会变得像泡沫。这是因为豆腐的内部有无数的小孔，这些小孔大小不一，有的互相连通，有的闭合成一个个小"容器"，里面都充满了水分。水有一种奇异的特性：在 4 ℃ 时，它的密度最大，体积最小；到 0 ℃ 时，结成了冰，它的体积不是缩小而是变大了，比常温时水的体积要大 10% 左右。当豆腐的温度降到 0 ℃ 以下时，里面的水结成冰，原来的小孔便被冰撑大了，整块豆腐就被挤压成网状。等到冰融化成水后从豆腐里跑出来时，就会留下很多孔洞，使豆腐变得像泡沫一样。冻豆腐经过烹调后，小孔洞里都灌进了汤汁，吃起来不但富有弹性，而且味道也格外鲜美。

化冻柿子 frozen persimmon

文化溯源

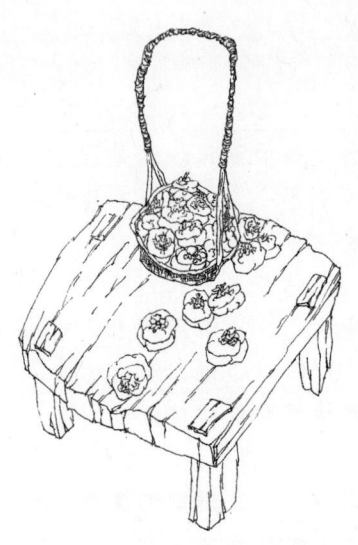

柿子原产地在中国,其栽培历史已有一千多年了。北宋诗人张仲殊在《咏柿》诗中赞道:"味过华林芳蒂,色兼阳井沈朱。轻匀绛蜡裹团酥,不比人间甘露。"柿子甜腻可口,营养丰富,维生素和糖分比一般水果高1~2倍。不少人喜欢在冬季吃冻柿子。冻柿子好像"冰疙瘩",吃的时候要用冷水把冰化开。冰化开后,柿子就变软了,吃起来甜美可口,别有一番风味。但要注意柿子不能与红薯、菠菜同食。

物理趣味

化冻柿子的时候要把冻柿子放在冷水里,而不是放在热水里。这是因为水(纯净水)在0 ℃的时候要结冰。如果是糖水、盐水或含有别的杂质的水,结冰的温度就低得多。柿子里糖分高,冻柿子的温度比0 ℃低,一般的冷水温度在10 ℃以上,用冷水来化冻柿子,温度已经够高的了。有人认为用热水化冻柿子可以快速解冻,殊不知由于热水与冻柿子温差太大,冻柿子往往外层被烫软了,内部还保留一个冻芯,不容易化透。而且,被烫过的柿子会产生涩味,甜味大减,所以人们都不用热水化冻柿子。

北京烤鸭 roasting duck

文化溯源

　　北京烤鸭色泽红艳，肉质细嫩，味道醇厚，肥而不腻，营养丰富，号称"天下第一吃"，是清代宫廷御菜。北京鸭子属水禽，肉质细腻，口感良好，营养丰富，含有大量的不饱和脂肪酸，人体吸收后不会在体内积蓄，能软化心脑血管。

　　关于北京烤鸭的起源还有一个传说。八百多年前金朝建都北京，当时燕地林茂山青，溪沟环绕，多有白鸭，其肉厚肥嫩。女真人善猎，猎得白鸭后即煺毛烤食。后经宫廷厨师增加烤炙程序，精其味料，形成最初的烤鸭。白鸭经历代驯养，进化成现在的北京填鸭，其是北京烤鸭的唯一原料。历经北京厨工改良烤法，形成了一套固定的工艺，使北京烤鸭最终成为一代名馔。

 **物理趣味**

> 　　北京烤鸭主要是利用火的辐射热将鸭子烤熟。当鸭子被高温烧烤时，其表面受到高热，所含水分急剧蒸发，糖分焦化，因而形成光亮的、韧脆的外壳。但其内部受高热的影响较小，因此其内部温度也不会太高，故而水分蒸发不多。加上蛋白质凝固，其内部松软而富有弹性，因此烤鸭外酥里嫩。
>
> 　　在烤鸭的制作过程中，要向鸭皮中吹气使皮肉分离。这是因为空气的热阻高，外皮会快速升温并产生香味。烤制前要涂上一层糖并晒干，这是为了避免鸭的表面温度快速升高，产生不良气味（如焦味）。

兰州拉面 hand-pulled noodles

文化溯源

1799 年（清嘉庆年间），东乡族人马六七从河南省怀庆府清化镇苏寨村（今河南博爱县境内）陈位林的父亲陈维精处学习"小车牛肉老汤面"制作工艺，后带入兰州演变而成。

据传"小车牛肉老汤面"起源于唐代，故有人认为兰州拉面起源于唐代。清代王憺望曾作《兰州牛肉面吟》曰：

> 兰州拉面天下功，制法来自怀庆府。
> 汤如甘露面似金，一条入口赛神仙。

兰州牛肉拉面的制作技术含量较高，尤其是马家大爷牛肉面，其方法和技巧只能由师傅言传身教，面授机宜，弟子要边悟边学，边悟边练，方能渐入其境。著名的马家大爷牛肉面清香可口，正如清代张澍诗中所写的：

> 雨过金城关，白马激溜回。
> 几度黄河水，临流此路穷。
> 拉面千丝香，惟独马家爷。
> 美味难再期，回首故乡远。
> 日出念真经，暮落白塔空。
> 焚香自叹息，只盼牛肉面。

兰州牛肉拉面的制作步骤无论是从选料、和面、醒面,还是溜条和拉面,都巧妙地利用了面粉的物理性能,即面筋蛋白质的延伸性和弹性。和面是拉面制作的基础。首先应注意水的温度,一般要求冬天用温水,其他季节则用凉水。因为面团的温度易受自然气温的影响,和面时通过水温的调节,和好的面团温度始终保持在 30 ℃ 左右。此时面粉中的蛋白质吸水性最好,可以达到 150%;面筋的生成率也最高,质量最好,即延伸性和弹性最好,最适宜抻拉。和面时还要放入适量的水和面粉,因为二者能提高面团中面筋的生成率和质量。加入适量的水,产生的渗透压能使面团中蛋白质分子间的距离缩小,密度增大,特别是能使组成面筋蛋白质之一的麦胶蛋白黏性增强,从而提高面筋的生成质量。拉面技术是科学原理与实践经验的有机结合,是我国劳动人民智慧的结晶。

棉花糖 cotton candy

文化溯源

棉花糖的制作是我国传统的手工艺，起源于何地、何人发明，现无定论，我国最迟清朝时就出现了。棉花糖是一种风味休闲食品，在各大小城镇的菜市场、街道边，特别是学校附近时常可见小商贩推着载有棉花糖制作机的自行车或三轮车现做现卖。棉花糖松松软软的，像一团洁白柔软的棉花。旁边免不了会围着一群小孩，口水吧嗒地盯着棉花糖，好像闻着的空气也是甜丝丝的。

物理趣味

棉花糖的制作用到了旋转离心力和快速凝固原理。棉花糖制作机的中心部位是一个温度很高的加热腔，热量的产生打破了糖晶体的结构，将糖变成了糖浆。加热腔中有一些比蔗糖颗粒还小的孔，当糖在加热腔中高速旋转的时候，离心力将糖浆从小孔中喷射到"大碗"的周围。由于液态物质遇冷凝固的速度和它的体积有关，体积越小，凝固得越快，因此，糖浆马上就凝结成固态的糖丝。

泡茶 tea ceremony

文化溯源

茶为一种植物,可食用,解百毒,常品有利于健康、长寿。泡茶是中国人的发明,是中国茶文化发展的拐点,带动了茶具、茶道、茶艺、茶文化的发展。饮茶的历史很古老,饮茶习惯源于西南地区。在秦以前,主要是四川一带产茶和饮茶。明代顾炎武的《日知录》写道:"秦人取蜀,始知茗饮事。"可见,饮茶风俗是从四川传到其他地方的。

在发明泡茶之前,人们只会把茶叶放在嘴里咀嚼。关于茶和泡茶的起源,有人认为始于神农氏。传说神农在野外以釜锅煮水时,刚好有几片叶子飘进锅中,煮好的水,其色微黄,喝入口中生津止渴、提神醒脑,故而发现了泡茶。这是有关中国饮茶起源最普遍的说法。

泡茶和喝茶的讲究很多,其中有几点必须注意:一是用水,好茶要用好水,水温以 80 ℃ 为宜;二是泡茶时间不宜过长,以 4~6 分钟为宜;三是器具最好用陶瓷茶具,勿用保温杯;四是勿饮隔夜茶;五是千万不要养成喝浓茶的习惯,更不要咀嚼泡过的茶叶(含有致癌物质)。

　　泡茶要用好水,如果水质欠佳,茶叶中的各种营养成分就会遭到破坏,以致闻不到茶的清香,看不到茶的晶莹,尝不到茶的甘醇。泡茶水温也很讲究,一般来说,泡茶水温与茶叶中有效物质在水中的溶解度成正相关,水温愈高,溶解度愈大,茶汤就愈浓;反之,溶解度愈小,茶汤就愈淡。水的温度不同,茶的色、香、味不同,泡出的茶叶中的化学成分也就不同。温度过高,就会破坏茶叶中所含的营养成分,茶汤的颜色不纯,味道也不醇厚;温度过低,不能使茶叶中的有效成分充分浸出(称为不完全茶汤),其味道淡,色泽也不美。

　　一般来说,泡茶水温的高低与茶叶种类及制茶原料密切相关,较粗老的茶叶宜用沸水直接冲泡,细嫩的茶叶宜用降温以后的沸水冲泡。冲茶时要悬壶高冲,在较大的冲击力下,让开水激荡茶叶,使茶香味充分渗出。沏茶宜用陶瓷壶、杯,不宜用保温杯。这是因为保温杯泡茶会使茶叶中的维生素被大量破坏,芳香油大量挥发,茶碱和靴质等大量溶出。这样不仅降低了茶叶的营养价值,而且还使茶水变得苦涩乏味,从而降低了茶的保健功能。

土家擂茶 *Tujia grinding tea*

文化溯源

土家擂茶起源于汉代。相传汉武帝时，将军马援率兵南下远征交战，途经湖南湘西武陵地区时正值盛夏，无数士兵遇当地流行的瘟疫而患病，民间一老翁以祖传秘方——擂茶献之，将士们饮后病情迅速好转。之后，土家擂茶就广泛流传于民间，至今土家人一直都保留着喝擂茶的习惯。在美丽的湘西凤凰古城，土家擂茶更是和镇城之宝姜糖、血粑鸭一起被称为"凤凰三宝"。

擂茶的制作虽简单但颇为讲究。一口瓷质沙盆和一根擂茶棍便是制作擂茶的工具了。沙盆要求盆肚内侧有很多由钵底向钵口呈发射状的纹路，粗糙的盆壁有助于在擂茶过程中增加摩擦力。擂茶棍主要用坚硬的鸭脚树、枫树等木材制作。擂茶棍长一米多，状如纺锤，头大尾小。熟练者用擂茶棍在沙盆中不停地旋转，直到将沙盆中的料擂成糊状。然后将烧开的水往沙盆中一冲，便可享用香喷喷的擂茶了。擂茶涉及的物理原理是旋转产生向心力。

炸爆米花 *fried popcorn*

文化溯源

炸爆米花是农村地区一种制作米制零食的方法，大型纪录片《舌尖上的中国》详细介绍了这种宝贵的非物质文化现象。

爆米花是一种古已有之的膨化食品，其最早可上溯到宋朝。当时的诗人范成大在他的《石湖集》中曾提到上元节吴中各地爆谷的风俗，并解释说："炒糯谷以卜，谷名孛娄，北人号糯米花。"为什么把爆米花叫作"孛娄"呢？因为当地的方言把打雷的声音叫作"孛辘"。清代学者赵翼在他所著的《檐曝杂记》中收有一首《爆孛娄诗》：

> 东入吴门十万家，家家爆谷卜年华。
> 就锅排下黄金粟，转手翻成白玉花。
> 红粉美人占喜事，白头老叟问生涯。
> 晓来妆饰诸儿子，数片梅花插鬓斜。

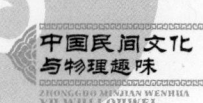

诗人笔下的爆米花不仅是一种美食，而且洋溢着生活情趣。炸爆米花这一传统制作工艺正逐渐走向世界，外国朋友对中国人的这一神奇创造啧啧称赞。

炸爆米花用的是密封铁罐（含铅），根据热胀冷缩原理，加热时罐内的温度不断升高，空气不断膨胀，压强越来越大。同时，罐子里的大米也被加热，在温度升高到一定程度后便会逐渐变软，米粒中的水分被蒸发。一方面大米里的水分要蒸发；另一方面，罐子里的空间已被高压空气占满，阻止水分继续向外蒸发。于是，米中残存的水分也逐渐升温升压，使已变软的米粒膨胀成一个个憋足了气的小气球。但由于此时米粒内外的压强是平衡的，所以米粒不会在罐内爆开。当罐内压强升到4~5个大气压时，猛地打开盖子，罐内的气体就会急速泻出，米粒内外的压强差变大，并在高压空气的作用下冲出密封罐。这时，一直憋在米粒中的高温高压水蒸气突然失去了约束力，在瞬间急剧膨胀、爆开成蓬松的爆米花。

制作馒头
making steamed bread

文化溯源

馒头是中国的传统面食，把面粉加水、糖等调匀，发酵后蒸熟而成。有研究表明，发酵后的馒头、面包比大饼、面条等没有发酵的食品营养更丰富。

关于馒头有一个有趣的传说。相传三国时，蜀国南边的南蛮洞主孟获总是不断来袭击骚扰，诸葛亮亲自带兵去征伐孟获。泸水一带人烟极少，瘴气很重。诸葛亮的手下就出了一个迷信的主意：杀死一些"南

蛮"的俘虏,用他们的头颅去祭泸水的河神。诸葛亮当然不能杀俘虏,但为了鼓舞士气,他想出了一个办法:用面粉和成了面泥,捏成人头模样,然后蒸熟,将其当作祭品来代替"南蛮"的头去祭祀河神。这种面粉制作的食品因此叫"蛮头"。

由于我国北方盛产小麦,这种由小麦粉制作的食品流传到北方以后就成了当地人们的主食。但是,将这种食品称为"蛮头"实在是太吓人了,人们就用"馒"字换下了"蛮"字,写作"馒头"。

制作馒头的关键是发酵。酵母菌可以使面团中的淀粉发生化学变化,生成糖、醇和酸等,并且放出二氧化碳。但是,如果加热方法不当,如直接放在锅上烙,那么就会由于受热不均匀,变成皮硬内软的"烤饼";要想得到暄的馒头,就必须借助高温蒸汽。当人们把揉好的生馒头放进蒸笼以后,高温蒸汽很快把馒头包围起来,从四周给馒头均匀地加热。馒头里面的二氧化碳等气体受热膨胀,但又不容易冒出来,只能在里面"钻来钻去",于是便胀出许多小空泡,使馒头很暄。如果在面里放些糖,充分发酵,用高温蒸就可以蒸出表面开裂的"开花"馒头。这样的馒头富有弹性,吃起来香甜可口。在蒸馒头的过程中,常用高温水蒸气作为介质给馒头加热。在日常生活中,利用介质加热的例子很多,如做饭炒菜要加水、炒板栗、花生和豆子要用细砂,水和细砂是常用的传热介质。

第六章 民间建筑

在世界建筑体系中，中华建筑风格和特色独树一帜。我国的建筑体系在 3 000 多年前的殷商时期就已初步形成，其风格优雅，结构灵巧。不同时期的中国民间建筑表现出不同的建筑流行元素。民间建筑体系具有极高的艺术价值、历史价值和文化价值。

吊脚楼 *house on stilts*

文化溯源

吊脚楼是我国西南地区尤其是湖南湘西一带苗家、土家人所建造的古老建筑，其最基本的特点是正屋建在实地上，厢房除一边靠在实地和正房相连外，其余三边皆悬空，靠柱子支撑。

关于吊脚楼的起源有一个传说。相传很早的时候，湘西一带的土家人搭起一些茅草屋居住。这一带古木参天，荒山老林里有很多虎豹豺狼，蛇虫蜈蚣到处爬。由于人们惧怕野兽，就烧起大火，还在火堆里埋竹节燃烧，野兽看到明晃晃的大火和竹节的爆炸声，吓得不敢靠近。然而，蛇虫蜈蚣却不怕这些，它们常往屋里钻。有个老年人想了一个主意，他喊一些后生砍一些树条子，像扎木排一样在树上搭起架子，铺上野竹子

和细树条，再垫一层树叶和茅草，顶上支起茅草顶篷以避雨水。这样，就不怕蛇虫蜈蚣骚扰了。但是，放在地上的食物被虫子爬过后，人吃了又呕又泻。于是老年人又想了个办法，叫后生把一块块大石板拉上树，放平，再垫上一层黄泥，然后在上面支锅弄饭，这样虫子就不会爬到粮食上来了。老年人的办法在当地很快传开了，人们就都在大树半腰间搭起大大小小的茅草棚并住在上面，棚脚捆在树干上，像是吊在半空一样，因此就叫它"吊脚楼"。

> 　　吊脚楼是在传统的干栏式建筑原理的基础上创建的穿斗式木质结构住宅。其具有以下特点：一是结构简单且稳固性强。它以柱、枋为基本受力构件，通过穿斗构成完整空间。二是充分利用当地的木材原料。三是既适应于当地山地斜坡的地形特点，又节约了耕地，并具有良好的通风防潮效果。房子框架全用榫卯衔接，木匠从来不用图纸，仅凭墨斗、斧头、凿子、锯子和各种成竹在胸的方案，便能使柱柱相连、枋枋相接、梁梁相扣，足见民居建筑工匠的高超技艺。
> 　　吊脚楼的造型从宏观上看是长方形和三角形的组合，长方形和三角形是稳定而庄重的普通几何图形，无论是柱、枋、梁还是檩，都两两垂直相交，构成一个三维的网络体系。

红旗渠 the red flag canal

文化溯源

红旗渠是20世纪60年代河南安阳林县人民在极其艰难的条件下，从太行山腰修建的引漳入林工程，是全国重点文物保护单位，被世人称为"人工天河"，在国际上被誉为"世界第八大奇迹"。据计算，如把这些土石垒筑成高2米、宽3米的墙，可纵贯祖国南北，绕行北京，把广州与哈尔滨连接起来。其工程全部开凿在峰峦叠嶂的太行山山腰，工程艰险。红旗渠的建成，彻底改善了林县人民靠天等雨的恶劣生存环境，解决了当时56.7万人和37万头家畜的吃水问题，被人们称为"生命渠"、"幸福渠"。

　　劈开太行山，修造红旗渠，没有很高深的科技含量，那时既没有机械化设备，也没有钢筋和水泥等建筑材料，林县人民用肩扛，用独轮车推，用锤子敲，用铲子铲，创造了世界奇迹。

　　其引水的原理主要是水在重力的作用下从高处往低处流。红旗渠有很多过路涵洞，运用了连通器的原理。连通器的特点是容器内装有同一种液体时，各个容器中的液面是相平的。如果有一处高，则由液柱高的一端向液柱低的一端流动，直到各容器中的液面相平。连通器在生产生活实践中应用广泛，如水渠的过路涵洞、牲畜的自动饮水器、水位计、三峡船闸，以及日常生活中所用的茶壶、洒水壶、自来水水塔等。

坎儿井 karez

文化溯源

坎儿井是我国新疆特有的一种利用地下水通过地下渠道灌溉农田的水利设施,其有"中国第三大工程"之称(另外两个为万里长城、京杭大运河)。

坎儿井起源于汉代的"井渠"。汉武帝在陕西大荔一带开龙首渠,引洛水灌田。因为渠岸容易倒塌,水工设计凿井在井下通水。后来,穿井技术和凿井法通过汉朝的军队传到新疆。新疆各族人民根据当地干旱、夏季炎热、有高山融雪的自然条件发展了坎儿井。

物理趣笑

坎儿井是一种结构巧妙的特殊灌溉系统,适应了山地环境中干旱的自然条件,既能减少水分蒸发,又便于取水、输水。它由竖井、暗渠、明渠和涝坝四部分组成。总的来说,坎儿井的构造原理是:在高山雪水潜流处,循着其水源,每隔一定的距离打一深浅不等的竖井,在井底修通暗渠,沟通各井,由于受重力的作用,水由高地势流向低地势。地下渠道的出水口与地面渠道相连接,把地下水引至地面,用以灌溉桑田。

雷火炼殿

thundering flames approach the palace

文化溯源

古时许多金殿都设有避雷设施。每年夏秋雷雨季节雷电交加时，金殿周围闪电不断，不时有巨大的火球在金殿左右滚动，遇物碰撞即发生天崩地裂的巨响。有时雷电划破长空，如利剑般直劈金殿，刹那间，金顶金光万道，直射九霄，数十里外可见，其景如同火山喷发，惊心动魄，神奇壮观。

雷火炼殿就是武当山金顶的一大奇观。武当山金殿在无数次的雷击电劈之下，泰然自若、毫发无损，而金殿左右的签房、印房和后面的圣父母殿，均是砖木结构，因"雷火炼殿"被击毁和烧毁数次，轻微的损伤不计其数。20世纪80年代后期，武当山金殿后的一棵千年古松也因此而丧生。令人奇怪的是，经受过一次次雷击后的金殿，不仅毫无损坏，无痕无迹，而且更加金光闪耀，新灿如初。被雷击一次，金殿好像回炉冶炼了一次，正如古诗所云："雷火铸成金作顶。"

其奥妙之处就在于尖端放电原理。导体尖端的电荷特别密集，尖端附近的电场很强，因此会通过导体尖端放电。金顶上只有一座金殿，金殿与天柱峰合为一体，是一个良好的放电通道；因巧妙地运用了曲率不大的殿脊与脊饰物（龙、凤、马、鱼、狮等），所以出现了炼殿奇观而又不被雷击中。而其他建筑导电性能差，当雷电的强大电场很难传导释放出去时，便会突然爆发，损毁建筑物。

蒙古包 yurt

文化溯源

蒙古包是蒙古族牧民居住的一种房子，又称"毡包"，"包"是"家"、"屋"的意思。其建造和搬迁都很方便，适于牧业生产和游牧生活。蒙古包呈圆形，有大有小，大的可容纳600多人，小的可以容纳20个人左右。蒙古包很结实，可以经受冬春的十级大风，还能承受两三千斤的雨水压力。

蒙古包为圆形，耗材少，在大风雪中阻力小，不容易变形，顶上又不积雨雪，寒气不易侵入，是非常安全的建筑形式。蒙古包看起来虽小，但包内的面积很大，而且室内空气流通，采光条件好，冬暖夏凉，不怕风吹雨打。蒙古包的建造充分利用了力学知识，支撑的架木把屋顶的压力都分担了。

木拱桥 *wooden arch bridge*

文化溯源

木拱桥（虹桥）是中国传统木构桥梁，技术含量很高，构造复杂精巧，在世界桥梁史上绝无仅有。木拱桥主要分布在中国的浙江、福建两省。福建、浙江地处中国东南丘陵地带，境内山高林密、谷深涧险、溪流纵横，这为木拱桥的建造提供了便利的原料，也使得建造木拱桥成为必要。北宋画家张择端在其著名的《清明上河图》中以虹桥入画，表现了宋都汴京清明时节的世俗风情。一些桥梁专家推算，画中的木拱桥跨度约为 20 米，宽约为 8 米。

中国木拱桥有很好的受压性能，只要两端固定，桥就能承受很大的荷载。但是，由于结构特殊，桥受到向上的反弹力，也很容易因失稳而遭到破坏。因此，很多木拱桥都采用了廊桥这种形式，即在桥上建廊，以增加稳定性。它的基本组合单元是六根杆件，纵向四根、横向两根，平面呈"井"字形。利用受压产生的摩擦力，构件之间越压越紧。这种结构不用钉铆，只需用相同规格的杆件搭接即可。从力学上分析，上端的纵梁压在横梁上，横梁又压在相对一根纵梁上。上下两根纵梁夹住一根横梁，由于摩擦力的存在，横梁不能滑动。这种结构整体为拱形结构，因此即使整体受压，也不会产生弯矩。

桥的构件规格统一，无特殊、异形的杆件，伐下的树木只需少量人工即可制成合格杆件；装卸方便，拆桥时不损杆件，且可重复利用；小杆件便于运输；用小杆件形成大跨度，经济合理。

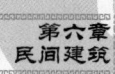

糯米灰浆
traditional sticky rice mortar

文化溯源

在土木工程中，建筑灰浆起着将散粒状材料（如砂和石子）或块状材料（如砖块和石块）黏结成整体的重要作用。其中，以石灰为主要胶结成分的建筑灰浆应用最为广泛，在人类建筑史上发挥了重要作用。中国是最早烧制和利用石灰的国家之一。

糯米灰浆在南北朝时期就出现了，其主要是一种通过在无机材料中添加有机材料（含糯米成分）调制而成的建筑胶凝材料。由于强度大、韧性好、防渗性优越，糯米灰浆在我国古代建筑中，如在墓葬、城建和水利工程等方面应用很广。在近代，使用糯米灰浆作为建筑胶凝材料的建筑也很多，如开平碉楼和闽西土围楼等。糯米灰浆是中国古代建筑史上一项重要的科技发明。

糯米灰浆的主要成分是方解石晶型碳酸钙（石灰形成氢氧化钙后与二氧化碳发生反应的产物）。糯米灰浆对碳酸钙方解石结晶体的大小和形貌有明显的控制作用，在一定浓度范围内，糯米浆浓度越大，生成的方解石结晶度越低，颗粒越小，结构也越紧密。糯米淀粉能够很好地黏结碳酸钙纳米颗粒并填充其微孔隙，这是糯米灰浆具有良好力学性能的微观基础。另外，受糯米浆包裹、反应不完全的氢氧化钙具有抑制细菌滋生的作用，由此也保护了糯米成分，使其长期不腐。糯米浆与石灰巧妙搭配和协同作用，加固性能好，黏结性和抗压强度、表面硬度以及耐水浸泡等能力较其他材料都有很大的提高。

塔 pagoda

文化溯源

塔这种建筑形式源于古代印度，是一种佛教建筑。随着佛教在东方的进一步传播，这种建筑形式广泛传播，与中国的重楼结合，发展出了塔这种极具东方特色的传统建筑形式。

古代印度的佛教建筑——塔在东汉时期随佛教传入中国，之后迅速与中国本土的楼阁相结合，形成中国的楼阁式塔。由于木结构易腐烂，易燃烧，因此劳动人民又按照楼阁式塔的形式，建造出了密檐式塔。在漫长的历史中，这种外来建筑曾被人们译为"窣堵坡（Stupa，梵文）"、"浮图（Buddha，梵文）"、"塔婆（Thupo，巴利文）"等。在隋唐时，翻译家才创造出了"塔"字，其名称逐渐得到统一，并沿用至今。后世的塔在中国化的过程中，也为道家所用。在历史发展过程中，塔逐渐脱离了宗教意义，走向世俗，衍生出了观景塔、水风塔、文昌塔等不同作用和功能的塔。

塔按照材质可分为土塔、木塔、砖塔、石塔，等等。

土塔：用夯土建成，但夯土本身的力学性质并不适合建筑高塔，而且其建筑和保存要受气候的影响，土质松软、降水丰沛的地区很难建造和保存高大的夯土塔。

木塔：用木材建造，早期因为建筑技术的限制，常常在塔内用砖石或夯土筑起高台，作为木塔屹立的依托，各层的木构均直接或间接地与塔心高台相连接。后期随着建筑技术的提高，塔中的高台被木质的中柱所取代，这极大地扩充了塔内活动空间，是建筑技术的一大突破。

砖塔：保存下来的砖塔数量较多，这是由砖材料本身的性质决定的。砖由黏土烧制，具有耐久性和稳定性。

石塔：石材非常适合建造高塔，依照砖塔的建筑方式构筑，在承重结构上则多仿照木构。由于石材和木材在材料性质上有着很大的差异，前者耐压但弹性较差，后者弹性好但承重能力不强，因而仿木构的石塔大多不能发挥石材的优势，因而在一定程度上限制了石塔的发展。

金属材质的塔：金属材质的塔很少，体量也很小，大多作为工艺品。常见的制塔金属有铁、铜、银、金等。金属塔大多整体铸造成型，由于金属材料热膨胀系数普遍较木、砖、石等传统材质高，而且多存在锈蚀的缺点，因而金属材料并非砌筑高塔的良好材料。

天坛三音石
three sound stones in Tiantan

【文化溯源】

　　北京故宫天坛回音壁里有一块三音石。三音石又称"三才石","三才"即"天、地、人"。三音石位于皇穹宇殿门外的轴线甬路上。从殿基须弥座开始的第一、第二和第三块铺路的条形石板就是三音石。站在第一块石板上面向殿内说话,可以听到一次回声;站在第二块石板上则可以听到两次回声;站在第三块石板上则可以听到三次回声。三音石的第三块石板又称"天闻若雷石",意思是站在第三块石板上向殿内说话,如果大殿敞开面对三音石的殿门,而且殿门到殿内正中的神龛之间没有任何障碍物的话,那么听到的回音尤其响亮,如同"人间偶语,天闻若雷"。

203

　　三音石的独特效果是由建筑格局中的一些布置与声学原理相吻合造成的。声波从不同之处折射回来，使得在第一、第二和第三块石板处听到回音的次数不同。第三块石板与殿门及殿内神龛上的殿顶所构成的特有角度，使声波折返到殿外时能够产生强烈的轰鸣。天坛回音壁的四周围墙很高，而且坚硬光滑，能够很好地反射声音；墙体又是圆形的，三音石正好在圆的中心处。当人发出响声后，声音从空气中向四周传播，遇到围墙后反射回来，反射回来的声音又都经过位于圆心的三音石，所以我们就会听到清晰、响亮的回音。

土楼 hakka earthen buildings

文化溯源

土楼是明代福建九龙江下游及邻近地区的漳州人在抗倭斗争中创造出来的,它最早出现的时间约在明嘉靖年间。土楼作为福建客家人独有的建筑形式,是福建民居中的瑰宝,属于世界物质文化遗产。土楼中往往数十户、几百人同住一楼,反映了客家人聚族而居、和睦相处的家族传统。

　　建一座土楼一般要经过选址定位、开地基、打石脚、行墙、献架、出水、内外装修等7道工序，整个过程涉及的物理原理非常多。

　　（1）采用干砌卵石墙脚的方式。其比座浆砌筑的还要牢固，因为干砌石墙脚不怕水泡，还能防止毛细作用，使地下水不至于沿墙脚向上渗透，起到墙身防潮的作用。

　　（2）夯土墙的用料问题。福建土楼所在的地区山多土多，建楼均可就地取材，一般选用黏性较好、含沙较多的黄土。闽南沿海土楼夯土的用料更为讲究，通常用"三合土"，即黄土、石灰、砂子拌和，有的土中还掺入红糖和米浆，以增加土墙的坚硬程度。

　　（3）选用直径粗大的百年老松作基础材料。其木质赤色，油脂饱满，泡水不烂。直径50~60厘米粗大的松木一横一竖交叉摆放三层，形成木筏式的墙基，在木筏墙基上再砌石墙脚，这样大大加宽了基底面积。这种木筏式墙基与石基相比整体性能更好，因此能承受巨大的负荷。

赵州桥 the Zhaozhou Bridge

文化溯源

赵州桥又名安济桥，在河北赵县，由隋代工匠李春于开皇十五年至大业元年间（公元605—618年）主持建造。它是我国现存最古老的桥梁之一，也是世界上最早的敞肩圆弧形桥。赵州桥已有1 300多年的历史，经受了多次洪水、地震和人为因素（如战争）的考验。

民间有个传说：鲁班在完成了修造悬空寺无梁殿和五台山寺庙工程后，自晋国返回家乡途中曾路过赵州地界，看到城南五里处的汶河上波涛汹涌，交通十分不便，遂在一夜之间建起了这座雄伟的赵州石桥。这座桥高大无比，坚固异常，惊动了各路神仙，就连玉皇大帝都不得不相信人间会有如此能工巧匠。为了亲自查验鲁班所造之桥承重的坚固程度，

张果老骑着毛驴到赵州桥。临近桥顶时，千钧重量下的大桥不免有些摇晃起来，鲁班见状，纵身跃入河中，单臂将桥托住，赵州桥即刻稳定如初、纹丝不动了。张果老佩服得捻须发讪，于是拂袖作罢，召来祥云，腾空而去。由此，张果老改为倒骑毛驴而行，以示认输，甘拜下风。

> 赵州桥是石拱桥，是一种怕拉而不怕压的桥，在结构力学上这是一个有趣的话题。赵州桥是一座敞肩圆弧形石拱桥。所谓敞肩，是指拱的两端（俗称两肩）并非填满砖石，而是以多个小拱驾于大拱之上，这样既可减轻桥的自重、节省用料，使拱券厚度与墩台尺寸相应减少，又可增大泄洪能力，减少河水对桥身的侧压力。所谓圆弧，是指小于半圆的弧段，圆弧形拱比半圆形拱跨度大、高度低，既便于陆上交通，又使其受力更合理。赵州桥除了应用石料外，还采用了许多加固桥拱的措施。例如，在纵向并砌的各个拱圈间以腰铁相连，又设有楔形垫石、铁拉杆，使整个桥拱形成一个坚实的整体。

第七章 民间杂艺

我国幅员辽阔，民族众多，生态多样，风俗迥异。在长期的历史发展过程中积淀而成的复杂的文化板块，使民间杂艺异彩纷呈。古往今来，这些民间杂艺颇受民众的喜爱，我们从中既可以看出不同时代、不同人群的审美情趣、生活方式，也可以探究各个时代人们的生活乐趣和乡风民情。

拔火罐 fire cupping

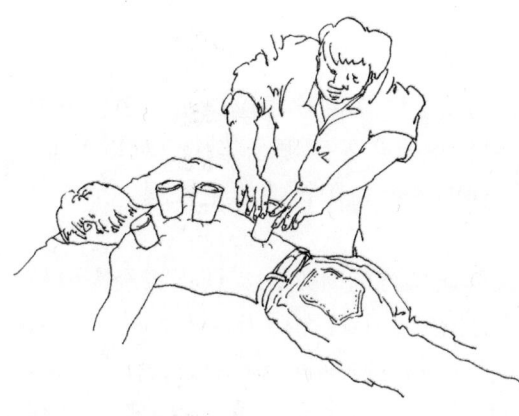

文化溯源

"拔火罐"是我国民间流传久远的一种独特的治病方法，俗称"拔罐子"、"吸筒"，在《本草纲目拾遗》中叫作"火罐气"，在《外科正宗》中又叫"拔筒法"。古代多用于外科治疗痈肿。起初并不是用罐，而是用钻有小孔的牛角筒，罩在患部排吸脓血。所以，一些古籍中又称拔火罐为"角法"。

关于拔火罐治疗疾病最早的文字记载，是公元281—361年间晋代葛洪所著的《肘后方》。后来，牛角筒逐渐被竹罐、陶罐、玻璃罐所替代，治病范围也从早期的外科痈肿扩大到风湿痛、腰背肌肉劳损、头痛目晕、腹痛、哮喘，以及一般伤风感冒、外伤淤血、痈疮以及其他酸痛诸症。

物理趣味

"拔火罐"运用了气体的热胀冷缩原理。加热罐内气体使其膨胀，将罐扣压在皮肤上，自然冷缩后内部气体压强变小。大气压强或者身体内部压强大于罐内气体压强，故罐能吸住皮肤。因此，拔火罐是一种充血疗法，利用热力排出罐内空气，形成负压，使罐紧吸在施治部位，造成局部充血，从而发挥治疗作用。

补锅 tinker

文化溯源

　　补锅是我国一种传统的手工作坊手艺。陶制炊具应该是中国历史上最早出现和使用的"锅",而用生铁铸锅具体始于哪个年代已难以考证,现在有据可考的比较早的是始于宋代的湖南益阳铸造的生铁锅,至今已有900多年的历史。

　　20世纪60年代是我国使用铁锅最盛行的时期,买铁锅曾经需要特殊的票证。当时铁锅用得多,于是衍生出一个特殊行当:补锅。小时候,在农村常会有挑着火炉灶和风箱走村串巷的补锅匠,边走边吆喝:"补锅,补锅喽——"远远地听到补锅匠的吆喝声,总会有一帮婆婆媳妇忙着找出饭锅、煮潲锅等,乒乒乓乓一阵乱响,酷似一支五音不全的打击乐队,十分热闹。

　　湖南益阳著名的花鼓戏曲目《补锅》是很多湖南人都熟悉不过的,里面的经典曲调和唱词曾给人们带来无尽的欢愉:

> 手拉风箱,呼呀呼的响。
> 火炉烧得红旺旺。
> 女婿来补锅,瞒了丈母娘。
> 操作要留意呀,当心手烧伤。
> 双手烧伤不要紧,怕只怕呀,
> 说不服我的妈妈娘,小聪我的同志哥。

　　不过,随着钢锅的普遍使用,补锅这一职业正在消失,补锅的技艺也濒临失传。

补锅过程中充分利用了铁的物理性质。高炉里的焦炭温度能达2 300 ℃左右,如果改善燃烧环境,温度能达到3 000 ℃,达到所谓的炉火纯青的地步。铁的熔点为1 534 ℃,点燃炉子,不断地拉扯风箱,炉子里的焦炭燃得很旺,温度可达2 000 ℃,超过铁的熔点。

补锅的大致过程是:坩埚中铁块在高温下熔化成白得耀眼的铁水后,用钳子将坩埚夹出来,将胡豆大小的一"颗"铁水倒在锅的破损处,在铁水珠上一摁、一擦,铁水就平整、光滑地凝固在破损处了。最后,用粗砂轮将锅内凸起的补疤略加打磨,然后用细砂纸打磨平整,使之不妨碍锅铲的搅动。

补铝锅则简单多了,无须开炉,先将破洞处清理干净,用自制的铝质补丁(旧时多用铝质牙膏皮)铆在破洞上面,仔细敲打使之密合即可。

踩铧口

stepping on the plough

> 文化溯源

　　踩铧口为傩仪式中的一种特技表演。"傩",旧指迎神赛会、驱逐疫鬼的仪式。傩仪在殷墟《卜辞》中已有记载,周代则更盛。王室和诸侯代表国家举行的叫"国傩",全国上下一起举行的叫做"大傩"。民间举行的叫做"傩戏",一般带有浓厚的娱乐成分。

　　苗族的踩铧口表演包括"端铧口"、"咬铧口"、"踩铧口"三项内容。"端铧口"时,法师念着口诀,手不停地指点,然后用木棒从火堆里翻出烧红的铧口,双手将其端起来,又在一旁放下。铧口闪着火星,表演者的手却丝毫无损。"咬铧口"就是把烧得通红的铧口端来放在地上,然后法师烧香纸钱"请神",嘴对烧红的铧口喷一口"法水",然后张口用牙把通红的铧口咬起,轻步自如地绕"神柱"转一圈才放下。最惊险的要数"踩铧口"了。"踩铧口"就是将烧得通红的铧口一字排开,法师口念咒语,赤着双脚,像踩着石头过河一样踩着铧口一路走去。脚过之处,青烟直冒,发出"哧哧"的响声。

　　据说踩铧口很有讲究,铧口要烧得通红,如果铧口烧得半生不红就容易出事。这种绝技不只是男人们的专利,姑娘们也能自如表演。

　　民间傩戏一直延续到今天,是中国戏曲的源头。湖南湘西、贵州等地少数民族聚居区的傩戏很发达,既有原始遗痕,又有今人的审美特质。

人体皮肤应该是可以承受瞬间高温的。被烧红的铁块有时可达到700 ℃，放置一段时间变黑后，温度会下降几百摄氏度。法师踩铧口前的一番祭祀、念咒，拖延了时间，使铧口变黑、温度变低。法师在踩铧口时，脚是快速地从铧口上滑过的，只要速度够快，就可以避免因脚长时间和铧口接触而受伤。经过长时间的练习，法师脚掌的表层组织硬化（起茧），已经适应了高温环境。

打铁 *forging iron*

文化溯源

　　打铁是一种原始的民间锻造工艺，其所需设备相对简单：一个带风箱的大火炉，一个铁墩子，几个大小铁锤和一把夹钳。将要锻打的铁器先在火炉中烧红，然后移到大铁墩上，由师傅掌主锤，徒弟握大锤，师徒二人交替进行锻打。铁器成品有与传统生产活动相配套的农具，如犁、耙、锄、镐、镰等；有生活用品，如菜刀、锅铲、剪刀等；还有建材小件如门环、泡钉、门插等。

　　关于打铁，唐代诗人李白在《秋浦歌》中描写得极为生动：

炉火照天地，红星乱紫烟。
赧郎明月夜，歌曲动寒川。

　　"打铁"在口语中还有其他意思，如"脑子打铁了"，形容人傻，意思是脑子进水了。在过去，人们常感叹人生有"三苦"：打铁、撑船、磨豆腐。打铁：日夜在炼炉旁忍受炎热，如在炼狱生活一般。撑船：船行风浪间，随时都有翻船的危险。卖豆腐：三更睡五更起，仅能得糊口的小钱。此三者中打铁位居第一，可见其难度和艰辛。

　　金属材料的强度与温度有关，温度越高强度越低，所以锻造时要在高温下进行。温度低了，变形抗力太大，不容易产生塑性变形。在高温下，铁的屈服应力会变小，其应变值（即变形）则迅速增大，而应力值几乎不变。所以，只要用外力去锤打铁块，使之达到屈服点，它就很容易发生较大的形变。另外，铁匠师傅打铁时将烧红的铁块放入冷水中时我们会听到"嗤"的一声，同时看到水面上冒出一股白烟，这是水先遇热气化，再在空气中遇冷液化的缘故。

第七章
民间杂艺

弹棉花 *playing cotton*

文化溯源

弹棉花又称"弹棉"、"弹棉絮"、"弹花",是中国传统的手工艺之一。其历史悠久,早在我国元代就已出现。元代王桢所著《农书·农器·纩絮门》载:"当时弹棉用木棉弹弓,用竹制成,四尺左右长;两头拿绳弦绷紧,用县(悬)弓来弹皮棉。"

在 20 世纪七八十年代,农村很多家庭的棉被都是用买来的或用自家种的棉花请人弹制的,那些专门为人弹棉絮的人俗称"弹棉郎"。"檀木

榔头，杉木梢；金鸡叫，雪花飘。"这是弹棉花手艺人工作状态的写照。以前没有机械，全靠师傅手工完成整个过程，制作一床棉被需要几天时间。

民间还有一首关于弹棉花的歌谣：

> 弹棉花啊弹棉花，
> 半斤棉弹成八两八哟。
> 旧棉花弹成了新棉花哟，
> 弹好了棉被那个姑娘要出嫁。
> 哎哟勒哟勒，哎哟勒哟勒！

歌曲通过弹棉花制作棉被这一事件，表达了情窦初开的年轻姑娘迫切希望与恋人相聚的心情。

> 弹弓贴近棉花，用木榔头敲击弦，棉花在拉力与摩擦力的作用下就会渐渐变得疏松。因为弹棉花非常费力，敲弓的时候要花大力气，所以有时候人们会设计一种简易的脚踏机械。根据省力杠杆原理，边踏边放，可以省不少力。之后的工序还是要依靠人力，将方块状的棉胎雏形用木制圆盘压实，然后一条整整齐齐的被胎就做成了。
>
> 弹棉花的基本目的是使棉纤维变得蓬松均匀，而不至于结成团块，这样可以使纤维之间充满空气，增加透气性。将表面压实则是为了使棉被能形成隔热层，从而起到保暖的作用。

倒啤酒 beer pouring

文化溯源

啤酒是很多人都喜欢喝的酒精饮料，于 20 世纪初传入我国，属于外来酒种。我国最早自建的啤酒厂是 1904 年在哈尔滨建立的东北三省啤酒厂。啤酒以麦芽为主要原料，加酒花，经酵母发酵酿制而成，其是含有二氧化碳、会起泡的低酒精度饮料。给杯子倒啤酒是有技巧的，很多熟练的客人都会将杯子尽可能倾斜，将瓶口紧靠杯沿，让啤酒缓慢地沿杯壁流向杯底；随着杯子里啤酒的增多，再慢慢将杯子倾角调整到竖直的状态，这样泡沫很少且不会溢出来。

物理趣味

倒啤酒时要斜着缓慢倒泡沫才会很少，这其中蕴含着有趣的科学道理。啤酒中二氧化碳的溶解度随压强的变化而变化，压强大时,二氧化碳的溶解度大；压强小时,二氧化碳的溶解度小。二氧化碳在密封的酒瓶中处于过饱和状态；在不密封的条件下，二氧化碳会慢慢分离，并且散逸到空气中去。

倒啤酒时，啤酒中的压强与啤酒的流动速度有关。酒杯里的啤酒如果产生了不均匀的流动，则各点上的压强是不同的，速度大的局部压强小，因此这些速度大的地方会产生大量的二氧化碳气泡。而斜着倒，一方面降低了啤酒从瓶口到酒杯这段距离的高度差；另一方面可以将啤酒对杯子的正冲击变为斜冲击，从而使啤酒入杯时的速度减慢，产生的泡沫减少，啤酒也不会溢出酒杯。

飞车走壁 stunt-cycling

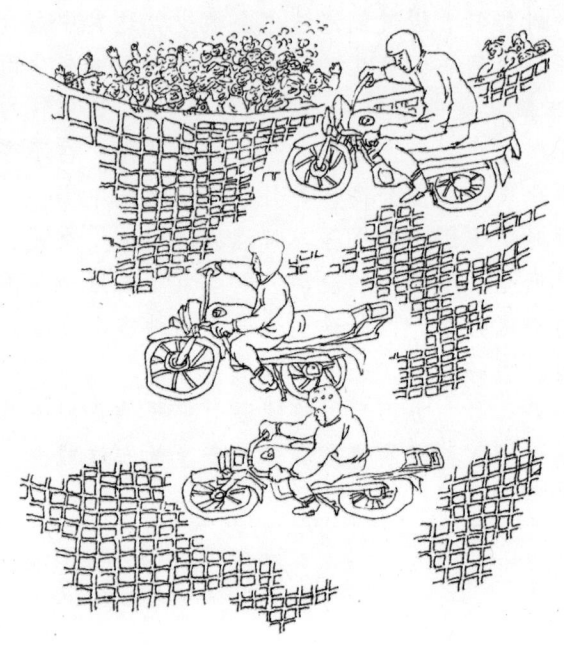

文化溯源

  飞车走壁是一个非常惊险的民间杂技节目，危险性很大。表演飞车走壁的车子飞驰在一个很大的木桶或其他材料内壁上，看起来与地面成较大角的桶壁峻峭陡立，似乎连一颗砂子也停不住。

  我国有很多飞车走壁表演团，蔡少武和他创造的飞车走壁表演堪称中国杂技舞台上的一个优秀代表，也是中国沈阳的一个知名文化品牌。蔡少武的飞车走壁表演于20世纪50年代落户沈阳，并雄踞上海大世界、北京天桥等杂技舞台多年，而且轰动全国。1959年武汉第一座长江大桥通车时，贺龙元帅亲自点名让该杂戏团进行飞车走壁表演。

  车子沿桶壁行驶时会产生很大的离心力，正是这种离心力将车子推向桶壁，车子像被吸附在桶壁上一样不会落下来。即使车子动力失灵，由于惯性作用，车子也会在喇叭形的桶壁慢慢滑行而下。强大的离心力可以使飞车走壁表演化险为夷，获得成功。但在强大的离心力作用下，人体的血液会往下半身沉，初练飞车走壁的演员往往会因脑部缺血而出现双眼发黑的暂时失明现象。

  一般要在桶壁接近顶端的地方画一条粗大的红线，以及几个向下的醒目箭头，以警示演员不能超过此线。有时桶壁自上而下会钉有6排板钉。这些板钉既可以使木桶牢固，又是行车的路标。当几辆摩托车同时在桶壁上你过我赶、上下翻飞或彼此交叉行驶时，为了避免发生撞车事故，演员除了要看前面的"路标"外，还要倾听扩音器播出的音乐，因为音乐的每一个节拍意味着向上或向下、加速或减速的指令信息，表演者就是按照音乐的节拍在桶上"龙飞凤舞"的。

高竿船 high pole boat

文化溯源

高竿船表演是民间杂技项目之一，起源于明末清初，以清代后期和民国时期为盛。每年清明时节，为祈"蚕花廿四分"，乡民们会合股凑分子组成高竿船表演队，表演各种高难动作——竿梢倒立、双手脱竿、独卧竿身、凌空旋转……这些动作模仿的都是蚕宝宝吐丝的"形态"，寄予了人们希望蚕茧丰收的美好愿望。

物理趣味

　　船在河中行、竿在船上立、人在竿上翻是高竿船杂技基本的表演形式。高竿船由2只木船并排绑扎而成，船面铺满木板；竿是一支较长的带梢毛竹制成，以石臼为杆基，用几支较粗的毛竹绑扎后作为支撑。毛竹的力学性能非常优越，具有较好的柔韧性，其抗拉强度达530 MPa，与质量最好的铝合金相当。但毛竹的密度最高只有约1.2 g/cm³，所以其单位质量的强度非常大。高竿船杂技表演时，人在重力作用下对毛竹产生向下的压力，使毛竹的上端可以自然弯曲约90°与水面平行，形成类似于单杠表演的区域。

口技 oral stunts

文化溯源

　　口技是指表演者用人体发声器官来模拟和表现现实生活中和自然界中的各种声音，同时配以表情、动作进行表演的一种技艺。口技是一种民间表演技艺，属于"百技"的一种。古代的口技实际上只是一种仿声艺术，表演者用口模仿各种声音。

　　口技可以一直追溯至上古时代。当时人们为了狩猎，经常模仿鸟兽的叫声来引诱它们，或以恐吓的叫声驱赶、围猎野兽，从而捕获之。真正意义上的口技起源于战国，公元前298年战国时期的《孟尝君夜闯函谷关》就记载了关于口技的故事，但那时的口技还未用于演出。

　　2010年5月18日，我国文化部公布了第三批国家级非物质文化遗产名录推荐项目名单(新入选项目)。由北京市宣武区申报的"口技"被列入传统体育、游艺与杂技项目类别的非物质文化遗产。

口技不仅作为杂技表演节目，而且用于相声、小品、评书、四川相书、东北二人转等曲艺和地方剧种节目中，还被使用在手影戏、皮影戏、音乐广播剧、影视剧的配音、拟音等艺术形式中。

人体发声是通过气息振动控制来实现的，因而要运用人体所有的发声器官，包括声带、肺、横膈膜、头胸腹共鸣腔、鼻腔、喉腔、口腔、唇、齿、舌等。根据口技发声器官部位的不同，可将口技分为以头腔共鸣发声为主的头腔口技、以鼻腔共鸣发声为主的鼻腔口技、以口腔共鸣发声为主的口腔口技（还可细分为舌头口技、牙齿口技、嘴唇口技）、以喉腔共鸣发声为主的喉鸣口技、以胸腔共鸣发声为主的胸腔口技、以腹腔共鸣发声为主的腹腔口技（或叫腹语口技）。但仅仅完全依靠一个共鸣腔发声的情况是很少见的，大多数口技表演要通过多个共鸣腔共同发声来完成。

拉纤 towing a boat

文化溯源

　　拉纤在古代和旧社会是地位低下、生活窘迫的劳动人民所做的累活。传说隋末昏君隋炀帝杨广杀父害兄,穷奢极欲,荒淫无度。京杭运河开通后,隋炀帝下扬州的船队自洛阳出发,前后绵延二百余里。批彩拉纤的民夫有八万多人,其中有男有女,这些人统称为"殿脚"。船队途经各地都有官员迎送,声势浩大,空前绝后。据说船队在行进途中,偶有短距离的水路不畅,隋炀帝突发奇想,命令"陆地行舟",特地挑选年轻貌美的"殿脚女"千余人专门为其乘坐的龙舟拉纤。这些"殿脚女"一丝不挂,拉着龙舟前进;在陆地上铺满黄豆,船在上面滑行。"殿脚女"脚下踩着黄豆,人站不稳,成堆成排地跌倒在地,隋炀帝看得心花怒放,

抚掌大笑。他还嫌不够刺激，命令男女"殿脚"各数百人前后交叉排列，"男殿脚"面朝前方背纤，"女殿脚"面向后方拉纤，脚踩黄豆的殿脚们常跌成一堆。隋炀帝有时还故意用刀割断纤绳，男女"殿脚"们成排成堆地跌倒在地，引得龙舟上的人笑声不断，真是荒唐之极。

拉纤看似只要用力拉即可，没什么技巧，实际上却有许多技能需要掌握，特别是在过桥洞、转弯、两船交会时。其中也蕴含很多物理原理。例如，在外转弯时，纤夫要一边收纤绳一边快步跑，避免纤绳在水面上拖行，从而增加阻力；内转弯时，得把纤绳扣入转弯的桩柱，否则纤绳会损坏农作物。拉纤的纤绳应绑在船头，而不是绑在桅杆顶上，否则不但不会让船前行反而会对船身造成损坏。顺水而下时，纤夫要倒拉纤以限制速度；过浅滩时，纤夫要下水拉船过滩。尤其是逆水行船时，要一起用力，使合力达到较大。

纤夫整天泡在江水中，穿着衣服工作不方便。纤夫多家境贫寒，汗浸盐汲加上纤索的磨损，衣服很容易破坏；拉纤时要频繁下水，也容不得宽衣解带。最重要的是，由于一会儿岸上、一会儿下水，衣服在身上干了湿、湿了干，很容易得风湿、关节炎之类的病，所以纤夫一般都不穿衣服。

捞面条 drawing noodles

文化溯源

用筷子捞面条，开始比较容易，剩下的几根面条就不是那么好处理了。民间常用的方法是：先使锅离火，免去沸腾的汤水带来的麻烦；然后用筷子在锅里作圆形搅动，使面汤旋转起来，这时面条便会集中到锅底中心；再用筷子夹起面条。

在陕西很多农村的婚宴中，人们给新郎和新娘上面时，会故意搭配不同种类的面条，如宽面和细面，寓新郎心胸宽广，新娘细致节俭；高粱与绿面搭配，寓意红男绿女，恩爱长久；白面与绿面搭配，寓意一清二白、堂堂正正做人等，这种搭配的面条当地人称作情侣面。

捞剩面条涉及流体力学知识。如果将旋转的面汤视为一次流动，这时汤形成的微团作圆周运动，微团加速度指向圆心。按照流体运动原理，微团加速度和压力梯度的符号相反，所以压力强度是从锅中心向锅边增加的，即愈远离中心压力愈大。在锅的上层，这个压力梯度与惯性力是平衡的。由于锅底与流体的摩擦以及流体的黏性，锅底的这层流体速度很小，因而惯性力也很小，惯性力不能与压力差平衡，因而产生向中心运动的趋势，面条被带到锅底中心。又由于煮熟的面条相对密度较大，二次流的强度不足以携带面条上升到汤表面，并跟着二次流上下翻滚，所以面条会停留在锅底中心。

烙画 pyrography

文化溯源

烙画古称"火针刺绣"、"火笔画"、"烫画"等，即用热烙铁在物体上烙痕，构成一幅画作。烙画是我国古代极其珍贵的稀有画种，既有中国传统绘画的民族风格，又有西洋画严谨的写实效果。据史料记载，烙画源于西汉、盛于东汉，后由于连年灾荒战乱，曾一度失传，直到清光绪三年（1877年）才被河南南阳一名叫"赵星"的民间艺人重新发现并传承下来。在人类文明不断进步和发展的今天，烙画越来越具有非凡的表现力，给人以浮雕艺术的特殊视觉冲击力，既有中国传统文化的内涵，又符合现代艺术发展的规律。目前，不少画家都在潜心研究和从事烙画艺术。

烙铁的温度在200 ℃左右，利用碳化原理，在竹木、丝绢、宣纸等材料上作画。烙画所用"笔"是硬质的、高温的烙笔头，其颜色深浅变化通过材料表层不同程度的碳化来实现。作画时，既要充分把握准提按、倾斜的力量和程度，以保证所烙线条轨迹的粗细变化和位置形状的准确性，又要小心控制烙笔的运行速度，以保证颜色的深浅变化。在高温情况下，在1~5秒时间内，笔头可使竹木表面碳化至黑褐色。

龙舟 dragon boat

文化溯源

端午节赛龙舟是中华民族传统的节日活动，已流传两千多年。它最富激情，充分体现了中华民族努力奋争、拼搏向上的精神。

关于龙舟的由来有多种说法。一说是为了纪念越王勾践操练水师，打败吴国。吴越交战，勾践败而被俘，在吴国过了三年忍辱含羞的生活。回国后，他卧薪尝胆，立志雪耻，于当年五月初五成立水师，开始操练，终于在数年后一举消灭吴国。后人为了表达对越王勾践这种坚韧不拔的精神的敬仰，便效仿越国演练水师时的情景，于五月五日这一天划船竞渡。二说是为了纪念伍子胥和曹娥。传说伍子胥因遭谗言诽谤，被吴王夫差命人抛于钱塘江波涛之中，曹娥便驾舟去救。后世为了纪念此事，遂举行龙舟竞赛。三说是为了纪念楚大夫屈原。这种说法广为流传，其文字记载始见于南朝梁人撰写的《续齐谐记》："楚大夫屈原遭谗不用，是日投汨罗江死。楚人哀之，乃以舟楫拯救。端阳竞渡，乃遗俗也。"

 物理趣味

根据流体力学原理,龙舟的外形是流线形,可以降低龙舟在流体中对运动产生的反抗力。这种反抗力叫作阻力。阻力有四类:诱导阻力、波阻、压阻和表面摩擦阻力。像机翼那样的有限升力面,受到的是诱导阻力;以超声速度运动的物体,受到的是波阻;以亚声速运动的物体,则要受到压阻和表面摩擦阻力的影响。

运动员并排坐在舟两侧是为了保持龙舟重心的平稳,以免龙舟翻倒;每人手拿一船桨一起用力的合力最大,可以使龙舟全速向前运动。

泡温泉
enjoying natural hot spring

文化溯源

温泉是从地下自然涌出或人工钻井取得的、水温高于当地平均温度,并含有对人体健康有益的微量元素的矿物水。

有资料表明,温泉浴不仅可使肌肉、关节松弛,消除疲劳,而且可以扩张血管,促进血液循环,加速人体新陈代谢。公元 400 年,北周庾信写了《温泉碑文》,记述了温泉的治病作用。公元 1000 年,唐庚在《汤泉记》中探讨了温泉形成的原因。明代杨慎所著《安宁温泉诗序》,概括了我国温泉的分布。李时珍在《本草纲目》中将我国的矿泉分为热泉、冷泉、甘泉、酸泉和苦泉,是我国最早的温泉分类学者之一。但是,并不是人人都适合泡温泉:皮肤过敏者、孕妇及手术过后者、糖尿病患者、容易失眠者、心脏病、高血压患者,以及女性经期及经期前后不宜泡温泉。

华清池是国内有文字记载的开发利用最早的温泉,素有"天下第一温泉"之称。华清池因为唐玄宗的爱妃杨玉环在此一濯芳泽,以及他们之间缠绵悱恻的爱情故事而蜚声天下。白居易《长恨歌》中"春寒赐浴华清池,温泉水滑洗凝脂。侍儿扶起娇无力,始是新承恩泽时"记录的便是杨贵妃在华清池出浴后的娇态,为世人留下了一幅美丽的"贵妃出浴图"。1959 年,郭沫若先生游览华清池后感慨万千,亲笔题写了"华清池"金字匾。

温泉一般分为两种：一种是在地壳内部岩浆的作用下形成的，或伴随火山喷发产生的。在火山活动过的死火山地区，地底下未冷却的岩浆会不断地释放出大量的热能，只要附近有含水岩层，就会使其受热成为高温的热水。另一种是由地表水渗透循环作用所形成的。雨水降到地表向下渗透，形成地下水。地下水经地热加热后成为热水。热水中多含有气体，且以二氧化碳为主。热水温度升高，上面若有致密、不透水的岩层阻挡去路，压力便会愈来愈高，以致热水、蒸汽处于高压状态。一旦遇到裂缝便喷涌而出。上升的热水与下沉的冷水因密度不同会产生压力差（静水压力差），从而反复循环产生对流，在开放性裂隙阻力较小的情况下，热水会沿裂隙上升并涌出地表，形成温泉。

皮影 shadow shows

文化溯源

皮影戏又称"影子戏"、"灯影戏"、"土影戏"、"皮猴戏"、"纸影戏"等,是用灯光照射兽皮或纸板雕刻成的人物剪影以表演故事的戏剧形式。其剧目、唱腔多受地方戏曲影响,由艺人一边操纵一边演唱,并配以音乐,有浓厚的乡土气息。它道具小,演出方便,且不受场地限制,演员也不需要正规训练,被人们亲切地称为"一担挑"艺术,它是名副其实的文化生活的"轻骑兵"。

传说两千多年前,汉武帝爱妃李夫人染疾故去,武帝思念之极,神情恍惚,终日不理朝政。大臣李少翁一日出门,路遇孩童手拿布娃娃玩耍,影子倒映于地,栩栩如生。李少翁心中一动,用棉帛裁成李夫人影像,涂上色彩,并在手脚处装上木杆。入夜围方帷,张灯烛,恭请皇帝

端坐帐中观看。武帝看罢龙颜大悦,从此爱不释手。这个载入《汉书》的爱情故事被认为是皮影戏最早的渊源。

目前,皮影戏的现状却不容乐观。当年制作和表演的艺人如今都已年逾百岁,这门精湛的技艺濒临失传。国家非常重视非物质文化遗产的保护,2006年5月20日,经国务院批准,皮影戏列入第一批国家级非物质文化遗产名录。

表演皮影戏时,要用灯光把剪影照在银幕上。其运用了光的直线传播和影的形成原理。有道具挡着,光就透不过去,就产生了影子。道具移动,影子也随之移动。

撒网 casting a net

文化溯源

渔网是渔业生产不可缺少的捕捞工具。沿海渔民最早用简单的网具在海边捕捞。明朝时出现了撩网、棍网等浅海捕捞网具,清朝以后出现了远海捕捞网具。撒网是在浅水区域常用的一种捕鱼方式。考古人员发掘出了大量新石器时代仰韶文化的石网坠,这说明我国先民已开始使用渔网捕鱼。

关于撒网捕鱼,我国的古诗词中也有体现。例如,新古诗创始人台湾著名学者范光陵写的五言新古诗《人生》:"人生如海潮,起落有定时。若不勤撒网,潮去悔已迟。"汉沽民谣《撒网喜歌》更是具有浓厚的生活气息:

一网金,二网银,
三网打个聚宝盆,
四网打个铜罗群,
五网拉个蚶螺满,
六网虾蟹满仓盛。
网网船只都不空哟,
满船载着返家门。
娘娘保佑好收成,
来年为娘娘修庙镀金身。

撒网前要把网纲一把把地理顺,这样整张网才能依次被顺利抛出。在撒网时,拧腰转身和抖腕的动作要一气呵成,形成一股较大的合力,让网在离心力的作用下充分铺开;网要向斜上方抛,如果抛得太低,网就不能完全展开。撒网的基本要领是动作协调,在力臂最长的时候脱手。网的边缘挂满铅坠,网被撒开后,坠子的重力比浮力大得多,所以能迅速沉到水底;拉起时速度要慢,这样坠子能贴着水底渐渐合拢,被网住的鱼因为坠子聚在一起而不会掉下去。

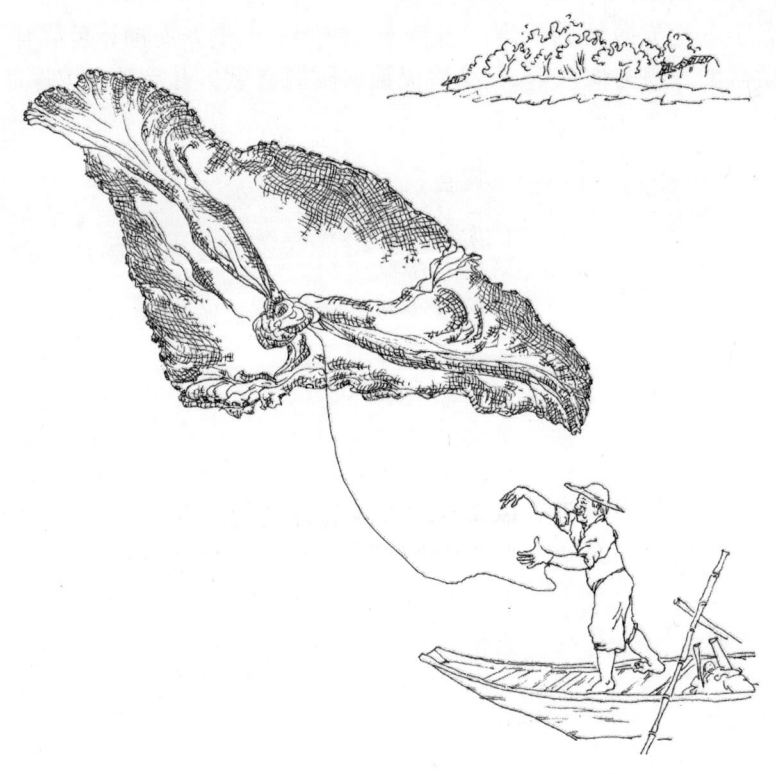

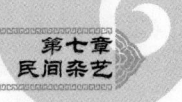

沙里淘金 sifting gold from sand

文化溯源

沙里淘金就是把含有金屑的沙粒在水中涤洗,使其一圈一圈地旋转,将沙子荡去,使金屑留在底部。淘金曾是众多冒险家的致富手段,历史上曾经掀起过几度淘金浪潮。19世纪初,美国加利福尼亚发现金矿,引发了一波移民淘金热潮。中国人移民到美国后,加入了这一淘金队伍,并把美国加利福尼亚的圣弗朗西斯科城称为"旧金山"。过去很多中国人为了淘金,经过中间人以卖身的方式签订契约,以"赊单制"的形式来到美国,这在当时被称为"卖猪仔"。从珠江三角洲出发,将他们运到圣弗朗西斯科金门桥下,然后暗中交给当地的同乡会"照看",让他们前往深山里的金矿区淘金。因语言不通和受到歧视,中国人只能和中国人在一起。久而久之,在一些美国城市里就形成了中国人相对集中的唐人街。

由于黄金的化学性质稳定，一般不与其他物质发生反应，所以它以游离态存在于沙石中。在自然的风化作用下，岩石破碎，最后形成沙子和土，而颗粒状的金屑就夹杂其中。在流水的冲刷下，泥沙、金屑和水一起移动。由于比重不同，它们移动的速度和状态也不同，所以在河床的某区域就会形成金沙富积的地带，这就是人们渴望找到的淘金地。如四川的金沙江就是著名的淘金地带。人们在含金地带设立淘金设备，将河沙挖到淘金斗里，再用河水涤洗沙子，利用流水清除沙子，在斗里留下的就是金灿灿的金子。

上刀山

climbing a mountain of swords

文化溯源

上刀山是我国民间一种独特的非物质文化遗产，是我国苗族、土家族、壮族、瑶族、傈僳族等民族用以祭祀、祈福或驱邪的一种仪式。上刀山又叫爬刀梯，迄今已有100多年的历史。举行此仪式时，村民们在空旷的地方竖起20多米高的树桩，沿桩左右两侧各插十多把甚至几十把锋利的钢刀。在完成一系列的祭拜仪式后，一名勇敢者赤足裸掌，手脚并用，沿刀刃徐徐而上，直到桩顶。然后吹响牛角，响起鞭炮，庆贺成功。

上刀山作为地域文化的一种独特表现形式，历经百

余年的传承而至今不衰,表现了这一民间文化形式顽强的生命力。上刀山丰富的内容和神秘的特征及其传承方式,在我国古文化中实属罕见,对它的抢救、传承和保护是我们义不容辞的责任。

爬刀梯的大部分是年轻人,他们身体轻巧,动作敏捷。爬刀梯时手脚并用(主要是手用力)分散了重力,而且脚掌斜向踩刀,增大了受力面积,减少了压强。另外,表演者为了保证脚不被割伤,脚掌即将接触刀刃时,速度必须慢下来。

爬刀梯这种民俗绝技有一定的危险性,爬刀梯的人必须要有胆识、技巧和一定的武术功底。

烧制砖瓦 firing brick and tile

文化溯源

砖瓦源于我国,人们常说的"秦砖汉瓦",是指砖瓦在秦汉时代质量较好、水平较高。而真正出现砖瓦的时代要比秦、汉早得多。据考古发掘,商朝前期已有瓦片出现。砖瓦烧制技术是中国传统建材制造技术的重要组成部分。原始的泥瓦匠手艺难学,烧窑把火更难。土窑烧瓦时,要依据瓦坯的干度、季节的气温和湿度以及燃柴的烈度等多种因素判断闭窑的火候。烧窑师傅的水平决定了砖瓦烧制的质量。目前窑工后继乏人。

物理趣谈

一窑砖瓦连续烧几天后,视火候决定是否闭窑。火候过了,瓦会翘角变形;火候未到,则不脱黑灰而且硬度差。"火候法"实际上是砖瓦匠根据经验总结出来的一种高温目测方法。某一炽热物体的红光与白光代表其两个不同的发热阶段,发白光时的温度大大高于发红光时的温度。物体受热后由发红光到发白光的过程大致是:初呈暗红色,温度增高后依次呈橙色、黄色,最后呈白色。

水破岩石 water broken rock

文化溯源

为了让岩石破裂，在北方寒冷的冬天，人们常常采用灌水法来胀破大石块。方法是：白天在需要破裂的岩石上凿洞，灌满水，然后将洞口密封；晚上室外气温急剧下降，水结成了冰，岩石就破裂了。

关于水破岩石还有一个传说。在著名的都江堰水利工程未修建之前，成都平原上的岷江经常泛滥成灾，严重威胁着当地人民的生命财产安全。公元前266年，李冰任蜀郡太守，开始主持修筑都江堰水利工程。在开凿玉垒山的时候，由于岩石坚硬，大家苦干了一天，进展不大，工具却损坏了不少。有些人垂头丧气，想打退堂鼓。这时，一位满头银发的老汉告诉大家，先在岩上开一些槽，然后在岩石四周堆上干草和树枝，点火燃烧，使岩体受热；烧过后再用冷水浇，岩石就会自行破裂，开凿就省事多了。李冰知道后，立即吩咐大家照此办理，工程的进展果然加快了。

水破岩石的第一个主要原理是：水的密度大于冰的密度，冰的密度大约是水的密度的 0.9 倍。换句话说，水冻成冰后体积会膨胀，增加约 0.111 个单位体积，从而使石块破裂。比如，在北方的冬天，用玻璃瓶子密封一瓶水放到外面一夜，第二天连玻璃瓶子都爆裂了。

第二个主要原理是：当岩石整体受热膨胀后，其表面遇到冷水会急剧降温并收缩，但岩石内部短时间内并不会降温并收缩，仍然保持膨胀的体积，于是会把外部的岩石撑破。这是由岩石内外温度分布不均造成的。

水浴 water bath

文化溯源

民间木工师傅熬胶的时候，不直接把盛胶的锅放在火上加热，而是把锅放在盛水的铁桶里，通过间接加热来把胶熔化，且不会把胶烧焦。这种间接加热的装置，叫作"水浴"。对酒以及其他一些容易燃烧的有机物质加热，为了安全起见，也大多用"水浴"方法。

其物理原理是：热量只能在温度不同的物体之间传递，即从温度较高的地方传向温度较低的地方。温度相同的物体之间是不会发生热传递的。用"水浴"加热东西时，开始由于水的温度不断上升，温度高于被加热的物体，所以在水与被加热物之间能发生热传递。当水沸腾后，即使继续加热，温度也不会再上升了。等到被加热的物体和开水的温度相同时，它们之间的热传递就停止了。因此，在标准状态下，它们的温度都不会超过100 ℃。这个温度低于被加热物体的燃烧温度，所以它们只能被加热或者熔化，而不会着火或烧焦。汤、菜烧熟以后如果暂时不吃，而又想保持汤、菜不凉，鲜美的味道不变，也可以用"水浴"方法来保温或加热。

碎砖 breaking bricks

文化溯源

碎砖是中国传统杂技中一种技术含量较高的表演项目。其过程是：演员的头上顶着几块砖，另一演员举起铁锤用力砸下去，顶砖者却安然无恙。碎砖杂技项目隐含着科学的力学原理。当然，演员必须经过长期的刻苦训练，要有一定的中国传统武术的功底。

人的颈项具有一定的弹性。我们可用一根弹簧作为力学模型，设其弹性系数为 k，每一块砖的质量为 m，如果表演者头上顶着 n 块砖，整个表演可简化为：弹性系数为 k 的弹簧固定于地面，其上方压着 n 块质量为 m 的砖块，现用一铁锤向下猛击砖块，设力为 F，上面 n 块砖对弹簧的作用力即人的颈项承受的压力。在击打之前，设弹簧对砖的支持力为 $F=nmg$。击打 n 块砖的瞬时加速度为 $a=F/nm$；设第 $n-1$ 块砖对第 n 块砖的作用力为 N，则对第 n 块砖有 $N-f+mg=ma$。由前三式可解得 $N=(n-1)mg+F/n$。也就是说，人的颈项所受到的作用力不是 $nmg+F$，而是 $nmg+F/n$。n 越大则所受的压力越小，故砖越多越安全。杂技中的同类表演，如砸碎压在人身上的大石板，道理也是如此。

摊谷
spreading out the grain

文化溯源

农民从田里运回来湿漉漉的带有稻叶的谷粒要倒在篾簟上,先把它推开摊匀,待太阳把它晒得有点"燥壳壳"后,再用拉草耙将干卷的稻叶梳理出来,然后就得用摊谷耙来翻晒谷子了。篾簟、拉草耙和摊谷耙是农村中晒谷常用的三大件。

我国古代有很多文人都写了关于晒谷的诗词,如宋代诗人范成大在《夏日田园杂兴》写道:"秋来只怕雨垂垂,甲子无云万事宜。获稻毕工随晒谷,直须晴到入仓时。"写出了劳动者对秋收的期盼。每一颗粮食都是劳动人民经过许许多多的工序制作出来的,因此,我们要养成节约粮食的习惯,切实履行"光盘"行动。

摊谷耙的一推一掀有很高的"技术含量":用力小了,谷粒到不了篾簟的周边;用力大了,谷粒就会飞出篾簟。抬得高了,难以推动谷粒;压得重了,就会戳破篾簟。每次用力必须恰到好处,才能把谷粒摊得厚薄均匀。每隔一段时间还得把谷子翻动一次。翻谷的第一步叫"启谷",就是依次拉动篾簟的四只角,把谷子还原成小山模样后,重新用摊谷耙摊晒。这样反复进行,经过几个太阳日,谷子就晒干了。

晒谷的目的是把谷子里的水分晒干,以便储存。这里充分运用了蒸发的原理:液体温度越高,表面积越大,其表面的空气流动越快,水分蒸发得也越快。

第七章
民间杂艺

烟花 fireworks

文化溯源

　　火药在中国发明较早,主要用于制作烟花、爆竹。烟花又称"烟火"、"焰火",在我国古代主要在盛大典礼或表演中燃放,偶尔用于军事中。现在一般在重大节日或庆典活动时燃放,以烘托气氛。

　　传说雍正帝登基时,为改元正朔,要在元年元宵佳节燃放响炮、花炮。他传旨鞭炮行业,要创新花样上京表演燃放。当时湖南浏阳官吏接到通知后诚惶诚恐,四处张贴告示,广纳良才,并指令鞭炮能手李泰限期创新出烟花进贡。这令李泰寝食不安。一日,他路过铁匠铺,见锤下星火四射,有长有短,有红有白,有精有细,有粒有丝,便得到启发。随后李泰扫了一些铁屑,回到家中把其掺入火药中和米汤一起搅和,再以黑硝作动力,装于底部导火线处,于是便制造出了能喷射各式花色、形态各异的烟花。

　　"烟花"一词自古以来含义丰富,除了指供观赏的多彩焰火外,还有多种寓意。

　　一指雾霭中的花,如南朝梁沈约《伤春》诗:"年芳被禁籞,烟花绕层曲。"

　　二指绮丽的春景,如唐李白《黄鹤楼送孟浩然之广陵》诗:"故人西辞黄鹤楼,烟花三月下扬州。"

　　三指妓女或艺妓,如唐黄滔《闺怨》诗:"塞上无烟花,宁思妾颜色。"元无名氏《货郎旦》第四折:"只教那媒人往来……早将一个泼贱的烟花娶过来。"

　　四指风月,尤指情爱,如明汤显祖《牡丹亭·诊祟》:"病躲在烟花,你药怎知?"

物理趣味

烟花燃放的原理和爆竹大同小异，都由黑火药和引线构成。在烟花中加入一些发光剂、发色剂，就能够使烟花焰火呈现出五彩缤纷的颜色。

发光剂是金属镁或金属铝的粉末，发色剂其实是一种金属化合物。金属化合物含有金属离子，不同种类的金属离子燃烧时，就会发出独特的不同颜色的火光。例如，氯化钠和硫酸钠都属于钠的化合物，它们在燃烧时便会发出金黄色的火焰；硝酸钙和碳酸钙在燃烧时会发出砖红色火焰。我们常常会根据以上现象来判断物质中所含的金属种类，这种实验称为焰色试验。

扬场 winnowing

文化溯源

扬场是指用木锨等工具扬谷物、豆类等，借用风力去掉壳、叶和尘土的一种农事活动。"扬"法也是我国古代主要用以去除杂质、清理谷物等的加工方法之一。其优点是"不劳车扇太忙生"，"又胜箕簸"，使用效率高，简单易行。但其必须借助适度的风力，风太大或太小、无风都不能进行扬场活动。因此，扬场有很大的局限性，在一定程度上也制约了谷物加工的及时性。

> 扬场充分用到了惯性原理，质量大（麦子、高粱、谷子等）的物体惯性大，不容易改变它的运动状态；质量小（皮、尘土等）的物体惯性小，很容易改变它的运动状态。扬场要有高度，以增加被扬物的受风时间；还要使被扬物在空中充分散开，以使各种杂物彻底分离。

椅子顶 chair-stacking

文化溯源

"椅子顶"是一个需要腰力、腿力的杂技项目。把椅子或桌子一个一个、一层一层往上叠加，有的还向外斜支，演员则在顶端的椅子上倒立。我国早在汉代就有了"五案"这种杂技。《南齐书·乐志》中载："江左咸康中，罢紫鹿、跂行、鳖食、笮鼠、齐王卷衣、绝倒、五案等伎。"汉代画像砖、石和壁画、陶俑中，有许多"椅子顶"的杂技场景。现代的"椅子顶"杂技场面更大，技术含量更高，已发展出多人在椅子上同时完成单手倒立、单手顶转体等动作。

不管椅子架有多高，演员身体重心总在椅子的内侧。这样，他和椅子的重力作用线始终要通过地面上那把椅子的支撑面，演员的重力与地面上椅子的支撑力始终保持平衡。当然，演员的技艺不是一蹴而就的，要通过老艺人悉心传授和自己的长期苦练才能掌握。

制陶 pottery

文化溯源

在旧石器时代，人们只能对木、石、骨等天然材料进行加工，将其制作成器具。经过长期的观察和实践后，人们把黏土用水湿润，塑制成型，再经高温焙烧，使之成为胎体坚固的器具，这样便产生了陶器。陶器的出现标志着新石器时代的开端。景德镇陶瓷艺术是中国文化宝库中的重要财富，青花、玲珑、粉彩、颜色釉，合称景德镇四大传统名瓷。

在古籍中，也记载了有关圣人发明陶器的传说。《周书》就有神农制陶器的记载。神农氏，即炎帝，三皇五帝之一，远古传说中的太阳神。

传说神农人身牛首,三岁知稼穑,长成后身高八尺七寸,龙颜大唇。神农氏本为姜水流域姜姓部落首领,后来发明了农具、制陶、纺织以及使用火等,功绩显赫,尤以火得王,故被尊为炎帝,世号"神农"。

在传统的制陶工序中,要根据陶土的黏性人为地加进掺合料,改进陶土的成型性能,保证陶坯在高温焙烧时不开裂、不变形。配制好的陶原料还要经过粉碎,这样有利于坯体在受热过程中进行各种物理化学反应,以便获得致密的结构,减少坯体的气孔率,增强胎体烧成后的强度、硬度和比重。

拉坯成型法是陶艺人在辘轳盘轮上用手制作各种陶瓷器型的一种重要方法。主要工艺是:将揉好的泥料放在辘轳盘托中间,当轮盘快速转动时,双手按泥,轮盘上的部分黏土由于离心力的作用向外剥离,泥料在辘轳轮盘中心成圆柱体,然后依据所需的形态,制成器型坯胎。

中幡 carring streamers

文化溯源

中幡起源于我国古代皇室仪仗队的旗杆,后演变成民间庙会中的表演节目。耍中幡、舞中幡是中国民族民间传统杂技项目。中幡原名"大执事",源于明清两代帝王仪仗队行军、打猎时王旗的旗杆。在行军或打猎休息期间,旗手们为了给皇上解闷,挥舞大旗以博得皇上欢心,鼓舞三军斗志。清乾隆年间,原龙旗杆上增加了伞,这样耍起来更有观赏性。后来,增加了伞的大旗杆被皇宫用于迎接外交使者的仪仗队中,显得威武庄重,故名"大执事"。

物理趣味

中幡头重脚轻,要使其保持平衡,必须让中幡杆子的重心沿力的作用线落到演员的头顶。这样,演员头部向上用的力和中幡的重力恰好在一条直线上,大小相等,方向相反,合力为零,两个力处于平衡状态。中幡杆子越高,演员反而容易掌握平衡,这是因为长杆要倒时,也就是重心偏离时,人有足够的时间来调整它的重心。

走钢丝 walking wire

文化溯源

走钢丝是维吾尔族传统的高空表演项目之一，距今已有2 000年的历史。走钢丝表演风格独特，惊险刺激，融杂技、歌舞、体育为一体。高空走钢丝是维吾尔族人民勤劳和智慧的结晶，是我国灿烂民族文化宝库中一颗璀璨的明珠。

走钢丝的物理原理主要是不稳定平衡。任何物体要保持平衡，物体的重力作用线（通过重心的竖直线）必须通过支撑面（物体与支持它的物体的接触面），否则这个物体就要倒下来。走钢丝表演中的支撑面就是钢丝。钢丝很细，给人的支撑面极小，要使身体重心恰巧落在钢丝绳上很难，身体随时会倾倒。当身体摇晃要倒下时，走钢丝者往往会摆动两臂，使身体重新平衡。摆动两臂就是在调整重力作用线，使之通过支撑面，恢复平衡。体操运动员在平衡木上，也常常有这样的动作。走钢丝的人手中经常要拿一根长长的竹竿，或者花伞、彩扇等，这些物品起着"延长手臂"的作用，是帮助身体调节平衡的辅助工具。

钻木取火 drilling wood to make fire

文化溯源

传说燧人氏是发明钻木取火的人。燧人氏又称"燧人",为三皇之首。他在今河南商丘一带钻木取火,教人吃熟食,是我国人工取火的始祖。人工取火结束了远古人类茹毛饮血的历史,开创了华夏文明,商丘因此被誉为华夏文明的发祥地。《尚书·大传》云:"遂人为遂皇,伏羲为羲皇,神农为农皇也。遂人以火纪,火,太阳也。阳尊,故托遂皇于天。"燧人氏死后葬于今天商丘古城西南1.5公里处,建有燧皇陵。

钻木取火利用了摩擦生热的原理。木质材料是易燃物,在摩擦时很快会产生热量,当热量达到一定程度时就会生出火来。钻木取火时,有木炭层处更容易着火。在古代,就是在有火的时候事先保存好木炭层,为再次取火作准备。